Super Visual

すぐに使える
フランス語会話

Language Research Associates 編

井上美穂＋北村亜矢子
Bernard Leurs（仏文校閲）
Béatrice Delègue（仏文校閲・吹込）
Alex Delègue（吹込）
岡野浩介（吹込）

はじめに

　海外旅行をして誰もが感じることですが、現地の人とカタコトでもいいから、現地の言葉で話せたらどんなにすばらしいことでしょうか。旅の楽しみが倍増すること請け合いです。ちょっと言葉を交わしたことで、友情が芽生えたり、それがきっかけで見知らぬところを案内してもらったり、また、通り一遍の旅行では得られない経験ができたり、非常事態に出合った時もなんとかなったり…。

　カタコトでもいいから、短時間で話せるようになる方法はないだろうか。そんな願いに応えるべく開発されたのがこの本です。この本の最大のポイントは、フランス語の構造を、日本語とビジュアル的に対比することによって、お経のようにただ暗記するのではなく、文の構造の輪郭がわかった上で練習をすることです。そのことによって、今までとは違ったすばらしい学習効果が期待されるのです。

　今までの学習法では、文の構造を理解するには、文法による解説が必要でした。しかし、はじめて外国語を学習する方は、文法と聞いただけで拒絶反応を起こす人がほとんどです。でもこのスーパー・ビジュアル法なら、細かいことは取り敢えず横に置いておいて、基本的な言葉の枠組みを知ることができるのです。フランス語と日本語はこんな風に違っているのだ、ということがわかれば、後は構文と単語を体に覚えさせればいいわけです。

　本書がフランス語を少しでも速くものにしたいと思う多くの方々の、お役にたてれば幸いです。

「スーパー・ビジュアル」って、何？

　あなたは、トンパ文字を知っていますか。
トンパ文字とは、中国の雲南省に住むナシ族の人たちが、今から1000年ぐらい前の宋の時代から、経典として書き留めてきたもので、祈祷や厄除け安全、葬式などに引き継がれてきたそうです。今では、一般には使われていませんが、それでも観光土産物などとして、売られているそうです。かわいらしくて、なにかぬくもりがあって、デザイン的にも楽しいトンパ文字とは、どんな言語なのでしょうか。

これを日本語に訳すと…、

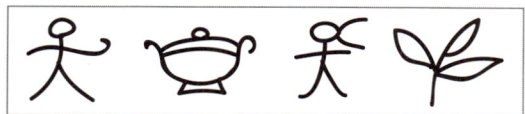

…となります。と、いわれても、これでだけではチンプンカンプンですよね。
　しかし、これを次のように整理して、視覚的に配列するとどうでしょう。

こうすると、なんとなく「🧍=私は」、「🍲=ご飯」、「🍴=食べる」「🌱=したい」を意味しているらしいことがわかります。

そこで、それをもう少し発展させて次のようにします。

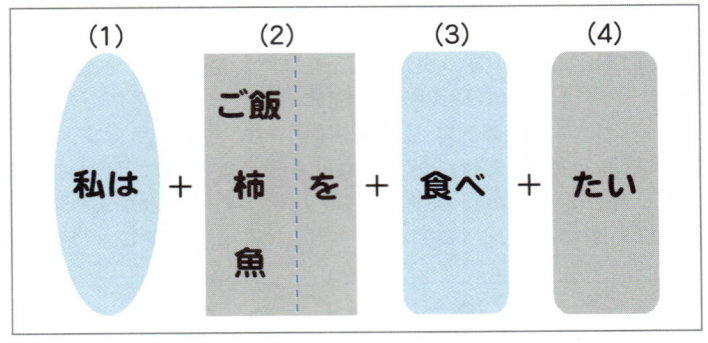

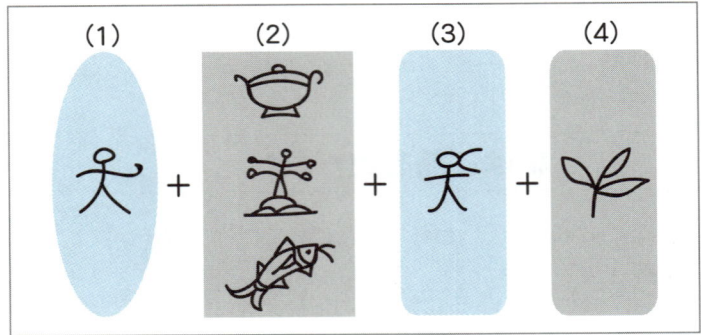

こうしてみると、トンパ語には（1）＋（2）＋（3）＋（4）という基本構造があって、その構造は英語や中国語と違って日本語と似ていることがわかります。次に、（2）の位置の言葉を入れ替えることによって、「私はご飯を食べたい」「私は柿を食べたい」「私は魚を食べたい」という3つの文が成り立っていることもわかります。そこで、（2）に入る言葉をこの他にももっと増やせば、この表現は単語の数だけ広がっていきます。

このように日本語と外国語を、文の構造を図解して対比することによって、外国語の構造を理解するのが**「スーパー・ビジュアル法」**です。

この方法だと、ややこしい文法の説明がなくても、何となく見ているだけで、この言葉はこうなっているのかとわかります。文章の内部構造をＣＴスキャンのモニターで見て、その仕組みがわかる感じです。
　言葉の仕組みがわかった上で言葉を学習するのと、そうでないのとでは、その学習効果には天と地ほどの差が出てきます。言葉の構造がわかっているのは、敵陣地を攻略するのに、飛行機などで偵察し、前もって敵地の状況を知っているようなものです。
　言葉の仕組みがわかれば、あとはそれに肉付けをするだけです。ここからは、ひたすら努力あるのみです。付属のＣＤを繰り返し聞いて、自分で声を出して、体に覚え込ませるしか方法はありません。でも、赤ん坊が何年もかかって言葉を覚えることを思うと、私たちは短期間で効率よく覚えようとするわけですから、ある程度の努力はしょうがないですよね。

本書の構成と学習法

Part 1: 最初の最初、必須表現 45

　この 45 の必須表現は、旅の最重要表現のエッセンス中のエッセンスです。これだけでも知っているのと、そうでないのとでは、旅の楽しみ方は非常に違ってきます。
　ほとんどが「決まり文句」ですから、すらすら口から出てくるようになるまで練習してください。

Part 2: すぐに使える重要表現 85 と基本単語 1000

　ここでは、海外での旅行・生活で重要となる表現 85 と、その表現に関連した基本単語約 1,000 語を収録してあります。
　一つの重要表現を１ユニットとして、２ページ見開きで、フランス語の構造が日本語との対比で視覚的にわかるようにレイアウトされています（**スーパー・ビジュアル法**）。

【学習法】
1：まずフランス語の構造を日本語との対比で理解してください。
2：フランス語の構文を理解したら、テキストを見ながらフランス語の語句の入れ替え練習をしてください。ＣＤを聞いて、声を出して練習してください。
次に、フランス語の部分を見なくても、日本語を見ただけですらすら言えるようになるまで練習してください。
3：「語句を覚えよう！」では、日本語を見てすぐにフランス語が言えるようになるまで練習してください。語句は、料理でいえば材料です。材料が手元になければ、どんな料理も話になりませんから、根気よく覚えましょう。
4：「mini 会話」では、上で習った表現が実際に使われる場面を、会話の流れの中で練習してください。
5：「point」では、実際の会話での、表現の使い方などを解説しています。

Part 3: とっさの時に役立つ単語集 2800

外国で、とっさの時に「これ、フランス語で何て言うのかな」と思った時に、アイウエオ順で引ける便利な単語集です。旅のお供にどうぞ。

● ＣＤの録音内容

Part 1 では、左ページの和文とフランス語部分
Part 2 では、右ページの５つのフランス語文の入れ替え練習と、「mini 会話」が収録されています。

ＣＤの録音時間：73 分 00 秒

目 次

はじめに ──────────────────────── 2

「スーパー・ビジュアル」って、何？ ──────── 3

本書の構成と学習法 ─────────────── 5

目次 ────────────────────── 7

Part 1　最初の最初、必須表現 45 ──────── 11
UNIT 1　フランス語の基本 ─────────── 12
UNIT 2　挨拶 ────────────────── 16
UNIT 3　初対面の挨拶 ─────────────── 18
UNIT 4　紹介と別れ ───────────────── 20
UNIT 5　重要表現（1） ──────────────── 22
UNIT 6　重要表現（2） ──────────────── 24
UNIT 7　重要表現（3） ──────────────── 26
UNIT 8　買物の時の表現 ──────────────── 28
UNIT 9　大変だ！（緊急時の表現） ─────── 30
UNIT 10　数字を使った表現 ─────────── 32
UNIT 11　数字を覚えよう ──────────── 34

Part 2　すぐに使える重要表現 85 と基本単語 1000 ──── 37
UNIT 12　私は〜です／ではありません。 ─────── 38
UNIT 13　あなたは〜ですか。 ──────────── 40
UNIT 14　こちらは〜です。 ──────────── 42
UNIT 15　私／私たちは〜から来ました。 ──── 44
UNIT 16　これ／あれは〜ですか。 ───────── 46

UNIT 17	私は〜を持っています／持っていません。	48
UNIT 18	この〜は…の物です／ではありません。	50
UNIT 19	この辺に〜はありますか。	52
UNIT 20	〜はありますか。	54
UNIT 21	私は〜します。	56
UNIT 22	あなたは〜をしますか／しましたか。	58
UNIT 23	私は〜をしません。	60
UNIT 24	〜をください。	62
UNIT 25	（私は）〜をしたいのですが。	64
UNIT 26	（あなたは）〜してくださる時間がありますか。	66
UNIT 27	〜に行きたい／行きたくない。	68
UNIT 28	〜で行きたい／行きたくない。	70
UNIT 29	この〜は…行きですか。	72
UNIT 30	〜はいくらですか。	74
UNIT 31	値引きしてくれませんか。	76
UNIT 32	何時に／いつ〜しましょうか。	78
UNIT 33	〜はどこですか。	80
UNIT 34	〜は何人ですか。	82
UNIT 35	〜は何歳ですか。	84
UNIT 36	なぜ〜ですか。	86
UNIT 37	〜の…はどのくらいですか。	88
UNIT 38	どのくらい（時間が）かかりますか。	90
UNIT 39	あなたの〜は何ですか。	92
UNIT 40	どちらが〜ですか。	94
UNIT 41	どの〜が好きですか。	96
UNIT 42	〜はいかがでしたか／いかがですか。	98
UNIT 43	（あなたは）〜してくださいますか。	100
UNIT 44	私は〜しなければなりません。	102

UNIT 45	〜を教えてください。	104
UNIT 46	〜しましょう。	106
UNIT 47	どうやって〜するのですか。	108
UNIT 48	どうぞ〜してください。	110
UNIT 49	私は〜で降ります。	112
UNIT 50	私は〜を探しています。	114
UNIT 51	〜は好きですか。	116
UNIT 52	私は〜が好きです／嫌いです。	118
UNIT 53	〜を見せてください。	120
UNIT 54	〜を見せていただけますか。	122
UNIT 55	〜はできますか。	124
UNIT 56	私は〜ができます／できません。	126
UNIT 57	〜してもいいですか。	128
UNIT 58	〜しないでください。	130
UNIT 59	〜をお願いします。	132
UNIT 60	（あなたは）〜したいですか。	134
UNIT 61	私は〜です。	136
UNIT 62	あなたは〜ですね。	138
UNIT 63	彼／彼女は〜です。	140
UNIT 64	（あなたは）〜ですか。	142
UNIT 65	〜な天気です。	144
UNIT 66	〜になりそうですね。	146
UNIT 67	〜すぎます。	148
UNIT 68	（味が）〜ですね。	150
UNIT 69	すてきな〜ですね。	152
UNIT 70	（私は）〜するつもりです。	154
UNIT 71	（私は）〜が痛い。	156
UNIT 72	私は〜をなくしました。	158

UNIT 73	〜が動きません。	160
UNIT 74	〜をありがとうございます。	162
UNIT 75	〜してすみません。	164
UNIT 76	すみません、〜ですか。	166
UNIT 77	〜によろしくお伝えください。	168
UNIT 78	どうぞ〜。	170
UNIT 79	(あなたは) 〜が上手ですね。	172
UNIT 80	(私は) 〜に感動しました。	174
UNIT 81	(私は) 〜に驚きました。	176
UNIT 82	(私は) 〜とても嬉しく思います。	178
UNIT 83	〜は楽しかったですか。	180
UNIT 84	〜は初めてですか。	182
UNIT 85	こんな…を〜したことがない。	184
UNIT 86	(私は) 〜に興味があります／ありません。	186
UNIT 87	〜、きっとそうだ。	188
UNIT 88	〜をどう思いますか。	190
UNIT 89	〜をお祈りします／また〜したいと思います。	192
UNIT 90	これはフランス語でどのように〜するのですか。	194
UNIT 91	〜はどういう意味ですか。	196
UNIT 92	(あなたは) 〜したことがありますか。	198
UNIT 93	私は〜したことがあります。	200
UNIT 94	私は〜したことがない。	202
UNIT 95	(あなたは) 〜をご存知ですか。	204
UNIT 96	〜を助言してくださいませんか。	206

Part 3　とっさの時に役立つ単語集 2800 ———— 209

Part 1

最初の最初、必須表現 45

UNIT 1　CD-1
■これだけは覚えておこう
フランス語の基本

フランス語と英語の違い

1．活用の数が多い

英語で「3単現のS」とよく言われます。これは主語が she・he の時、he sings のように s をつけることでした。ところがフランス語の場合は、下の活用表のように主語にあわせて活用形が変わります。原形が chanter（歌う）の動詞を見てみましょう。

chanter（主語＋動詞の活用形）

英語	フランス語	英語	フランス語
I sing	je chante 私	we sing	nous chantons 私たち
you sing （単数）	tu chantes 君	you sing （単・複数）	vous chantez あなた(たち)
he/she sings	il / elle chante 彼 / 彼女	they sing	ils / elles chantent 彼ら/彼女たち

ただし、最初からこれらの活用形を全部覚える必要はありません。例えば、自己紹介で使うのは一人称が中心ですし、人に何かを頼む時に必要なのは二人称です。このように状況によって必要な活用形からだんだんと学習していきましょう。

◆この本では「語句を覚えよう！」の動詞は基本的に不定詞（原形）になっています。

英語の you にあたる tu と vous は、次のように使いわけます。

| tu | ➡ | 相手が1人で、親しいつき合いをしている人の場合 |

| vous | ➡ | ①相手が1人で、馴れなれしく話しかけられない間柄の場合
②相手が複数の場合（つき合いの程度にかかわらず） |

2．否定文のつくり方

否定文は、動詞を ne ... pas で挟みます。

肯定文「私は歌う」　➡　Je chante.

否定文「私は歌わない」　➡　Je ne chante pas.

3．男性名詞と女性名詞がある
　フランス語の名詞には性があり、crayon（鉛筆）は男性名詞、gomme（消しゴム）は女性名詞、というように決まっています。père（父親）は男性名詞、mère（母親）は女性名詞というように、生物学的に男女の区別があるものは、そのまま名詞の性が決まります。しかし一般的な名詞は、女性が使うような物だから女性名詞になる、というわけではありません。例えばリボンは男性名詞、ネクタイは女性名詞です。
　◆この本では男性名詞は ♠、女性名詞は ♥ のマークで示しています。

4．冠詞と形容詞は、性・数にあわせて使いわける
●**冠詞**　名詞の前につける冠詞は、名詞の性と数にあわせて変化します。例えば定冠詞は、英語では the だけですが、フランス語では次のように3つの形を使いわけます。

le	＋ 男性単数の名詞	→	le crayon（鉛筆）
la	＋ 女性単数の名詞	→	la gomme（消しゴム）
les	＋ 複数の名詞（男女両方）	→	les crayons, les gommes

●**形容詞**　名詞を修飾する形容詞も、名詞の性と数によって形が変わります。例えば bleu（青い）という形容詞は、次のようになります。

男性単数の名詞	＋	bleu	→	le crayon bleu
女性単数の名詞	＋	bleue	→	la gomme bleue
男性複数の名詞	＋	bleus	→	les crayons bleus
女性複数の名詞	＋	bleues	→	les gommes bleues

　上の例から、基本的に女性名詞を修飾する場合は e をつけて、複数名詞を修飾する時は s をつけることがわかります。でも最初からこの4つを使いわけるのは少し難しいかもしれません。とっさの場合には、名詞の性・数にかかわらず男性単数用の形容詞（ここでは bleu）を使っても、とりあえず意味は通じます。日本で外国人が、「紙4個」とか「犬4個」と言ってもわかるのと同じです。
　◆この本では名詞、形容詞の男女形による形の変化は青字で示しています。

フランス語の発音

1．つづりの読み方は決まっている

　英語でiは「アイ」とも「イ」とも読みますが、フランス語では「イ」としか読みません。このようにフランス語のつづりの読み方はひとつに決まっています。注意が必要なつづりと読み方は、以下の通りです。青字のものは次の2．で説明しています。

母音	u（ゅ）[y] eau（オ）[o] ail（アーイ）[aj]	ai（エ）[e] eu（う）[ø] eil（エーイ）[ej]	ou（ウ）[u] oi（ワ）[wa]	au（オ）[o]
鼻母音	en（アン）[ã]	ain / in / un / yn（あン）[ɛ̃]		
子音	ch（シュ）[ʃ]　　gn（ニュ）[ɲ]　　th（トゥ）[t] ◎基本的に語末の子音字は発音しない 　例）vous（ヴ）「あなた」　　bouquet（ブケ）「花束」 ◎hは発音しない 　例）hôpital（オピタル）「病院」　　hôtel（オテル）「ホテル」			

◆この本では、はっきりと発音する部分は太字で表しています。

2．フランス語独特の音

　日本語や英語の音と似ていない音は、4つあります。

① 母音の [y]

　これは、イとウがまざりあった感じの音です。ポイントは唇の形です。強く「ウ」を発音するつもりで、唇に力を入れてすぼめ、前へ突き出しましょう。そして唇はそのままの形で、「イ」の音を発音します。
　◆この本のふりがなでは、平仮名の「ゅ」で表しています。
例）une（ゅヌ）「ひとつ」　humide（ゅミッド）「湿気がある」

② 母音の [ø]

こちらは、エとウのまざりあった音という感じです。ポイントは、やはり唇の形です。唇を「鯉が口をパクパクする」時のような形にあけて、思い切り唇に力を入れましょう。そしてエとウの中間の音を出します。
◆この本のふりがなでは、平仮名の「う」で表しています。
例) heure (うーる)「時刻」　　Europe (うーろっぷ)「ヨーロッパ」

③ 鼻母音の [ɛ̃]

文字通り、鼻にかけて発音する母音です。音としては、「ア」に近い「エ」で、それを鼻にかけて発音します。
◆この本のふりがなでは、「あン」と表記しています。
例) un (あン)「ひとつ」　　invitation (あンヴィタスィヨン)「招待」

④ 子音の [r]

喉の奥をこするような音ですが、あまり強くやると喉の痰をきっているような汚い印象の音になりますので、弱く発音しましょう。最初のうちは、日本語の「ハ・ヘ・ホ」に使われる [h] で代用しても大丈夫です。
◆この本では、ひらがなの「らりるれろ」で表しています。
例) grand (グらン)「大きい」　　vérité (ヴェりテ)「真実」

3．最後の子音字とリエゾン

フランス語では普通、単語の最後の子音字は発音されません。

例として、英語の you にあたる vous を見てみましょう。vous 単独だと "ヴ [vu]" となり最後の子音字 s は発音されません。

ところが vous の後に母音字で始まる単語が続くと、s を [z] の音で発音するようになるのです。この現象を「リエゾン」と呼びます。

　　　　　vous avez (= you have) → ×ヴ　アヴェ
　　　　　　　　　　　　　　　　　 → ○ヴ‿ザヴェ

◆この本のふりがなでは、「**ヴ‿ザヴェ**」のように「‿」のマークを使って表しています。

UNIT 2 挨拶

こんにちは。	**Bonjour.** ボンジューる
こんばんは。	**Bonsoir.** ボンソワーる
お元気ですか。	**Comment allez-vous?** コマン タレ ヴ
お陰様で、元気です。	**Très bien, merci.** トれ ビあン メるスィ
さようなら。	**Au revoir.** オ るヴォワーる

bon（＝よい）、jour（＝日）ですから朝から夕方まで使えます。「おはようございます」も Bonjour. でOKです。目上の相手に対しては Bonjour, Monsieur.（ボンジューる　ムスィうー）、Bonjour, Madame.（ボンジューる　マダム）のように敬称をつけましょう。親しい間では、出会いと別れの両方に使える Salut!（サリゅ）がよく聞かれます。

soir（＝晩）、ですから夕方以降はこの表現を使います。Bonjour. と異なり、会った時だけでなく、別れの挨拶にも使えます。soir を nuit(＝夜)、に換えた Bonne nuit.（ボンヌ　ニゅイ）は「おやすみ」の意味になります。

相手の体の調子を尋ねる表現です。親しい相手には Comment vas-tu?（コマン　ヴァ　テゅ）あるいは Ça va?（サ　ヴァ）「元気？」を使います。Comment va Sophie?（コマン　ヴァ　ソフィ）「ソフィーは元気ですか？」のように第三者の調子を尋ねることもできます。

他には、Ça va bien.（サ　ヴァ　ビあン）「元気です」、Pas mal, merci.（パ　マル　メるスィ）「悪くないよ」などと答えることもできます。自分の調子を答えたら、今度は Et vous?（エ　ヴ）「あなたは？」や Et toi?（エ　トワ）「君は？」で相手の調子を聞き返しましょう。

最も一般的な別れの挨拶です。目上の相手には Au revoir, Monsieur. のように後ろに敬称をつけます。他には、À demain.（ア　ドゥマン）「また明日ね」、À lundi.（ア　ランディ）「月曜日にね」など、次にいつ会うかをはっきり言う挨拶も好まれます。

UNIT 3 初対面の挨拶
CD-3

| はじめまして。 | **Enchanté/e.**
アンシャンテ |

| お名前は？ | **Vous vous appelez comment?**
ヴ ヴ ザプレ コマン |

| 私の名前は佐藤です。 | **Je m'appelle Sato.**
ジュ マペル サトー |

| お目にかかれて嬉しいです。 | **Je suis heureux/se de vous connaître.**
ジュ スィ うーるー/ズ ドゥ ヴ コネートる |

| こちらこそ。 | **Moi aussi, je suis très heureux/se de vous connaître.**
モワ オスィ ジュ スィ トれ ズーるー/ズ ドゥ ヴ コネートる |

◆ □ の名詞は場面に応じて入れ換えましょう。

enchanté/e (= 魅了される) の意味ですから、ちょっとシャレていますね。簡単な挨拶では初対面でも、単に Bonjour. を使うことがよくあります。いずれにしても、言われたら同じ言葉を返しましょう。また、相手の目を見て微笑みながら言うことを忘れずに。

学生どうしなら Tu t'appelles comment?（テュ タペル コマン）を使います。ただし、相手に尋ねる前に、まず下の表現、Je m'appelle 〜（ジュ マペル）を使って自分から名乗るのが礼儀です。そうすれば相手は尋ねられなくても名乗ってくれるはずです。

状況によって nom（ノン）(= 苗字)、prénom（プレノン）(= 名前)、nom et prénom (= 氏名) を使いわけます。予約の電話やホテルの受付では、Je m'appelle Sato. Jiro Sato. のように苗字の後に、もう一度フルネームを繰り返したり、相手が聞き取れない場合は、S,A,T,O, Sato.（エス、ア、テ、オ、サトー）のようにスペルを言いましょう。

heureux/se の代わりに content/e（コンタン / ト）、enchanté/e（アンシャンテ）、ravi/e（らヴィ）も使えます。また、je suis をカットして、Heureux/se de vous connaître. と短くすることもできます。若者どうしでは更に簡単に、Enchanté/e. や Bonjour. ですませることがほとんどです。

「私も」と言いたい時に Moi aussi. を使います。ここでは、会えて嬉しい気持ちを自分も表現した方が丁寧で、好まれますので、je suis heureux/se de vous connaître あるいは、je suis heureux/se de faire votre connaissance（ジュ スィ うーるー / ズ ドゥ フェーる ヴォトる コネサンス）を繰り返しましょう。

19

UNIT 4 紹介と別れ

| 従妹のイザベルです。 | **Je vous présente ma cousine Isabelle.**
ジュ ヴ プレザント マ クズィンヌ イザベル |

| 田中さんをご存知ですか。 | **Vous connaissez M.Tanaka?**
ヴ コネセ ムスィゥー タナカ |

| また会いましょう。 | **À la prochaine fois.**
ア ラ プロシェンヌ フォワ |

| ソフィーによろしく。 | **Donnez le bonjour à Sophie de ma part.**
ドネ ル ボンジューる ア ソフィ ドゥ マ パーる |

| 楽しいご旅行を！ | **Bon voyage!**
ボン ヴォワイヤージュ |

C'est Isabelle.（セ イザベル）、Voilà Isabelle.（ヴォワラ イザベル）なども使われます。より簡単に、Isabelle, Paul.（イザベルにポールを紹介）Paul, Isabelle.（ポールにイザベルを紹介）のように名前だけを言う場合もありますが、その際は、紹介する手の動きを忘れずに。

親しい相手なら Tu connais Taro?（テュ コネ タロー）「太郎を知ってる？」、双方に聞く場合は Vous vous connaissez?（ヴ ヴ コネセ）「お互いにお知り合いですか」です。紹介する順序は、まず目上の人に目下の人を、続いて目下の人に目上の人を紹介するのが原則です。

「次回に」という意味ですから、いつ会えるかはっきりしていない場合に使います。他に、「また近いうちに」の意味の À bientôt.（ア ビあント）もよく使われます。次回会う日が決まっていれば、À samedi.（ア サムディ）「また土曜日に」のように言いましょう。

Dis bonjour à Sophie de ma part.（ディ ボンジューる ア ソフィ ドゥ マ パーる）とも言います。この場合、たとえ夜でも bonjour が bonsoir になることはありません。「マリーが君によろしくと言ってたよ」なら Je te donne le bonjour de Marie.（ジュ トゥ ドンヌ ル ボンジューる ドゥ マり）です。

これから旅行に出掛ける人に使う表現です。bon を使った表現は他に、Bonnes vacances.（ボンヌ ヴァカンス）「よいヴァカンスを」、Bon week-end.（ボン ウィーケンド）「よい週末を」、Bon dimanche.（ボン ディマンシュ）「よい日曜日を」などたくさんあるので、使ってみましょう。

UNIT 5 重要表現（1）
CD-5

ありがとう。	**Merci (beaucoup).** メるスィ （ボクー）
どういたしまして。	**Je vous en prie.** ジュ ヴ ザンプリ
コーヒーをお願いします。	**Un café, s'il vous plaît.** アン キャフェ スィル ヴ プレ
ちょっとすみませんが。	**Pardon Monsieur** パるドン ムスィうー **/Madame/Mademoiselle.** /マダム /マドモワゼル
大丈夫です。	**Ça va.** サ ヴァ

より丁寧な Je vous remercie.（ジュ ヴ るメるスィ）や、Merci, c'est très gentil.（メるスィ セ トれ ジャンティ）「ご親切にありがとう」もよく使われます。何かを勧められた場合は、Merci. だけでは断りの Non, merci. と誤解されますので、Oui, merci. と、きちんと言いましょう。

とても便利な表現です。お礼に対する返事だけでなく、Puis-je fumer?（ピュイ ジュ フュメ）「タバコを吸ってよろしいですか」→ Je vous en prie.「どうぞ」のように相手に何かを丁寧に勧める時や、許可する時にも使えるので、必ず覚えましょう。

カフェなどでの注文の際は un（アン）、deux（ドゥー）と数詞をつけます。女性名詞なら un ではなく、Une bière（ユヌ ビエーる）, s'il vous plaît.「ビールをお願いします」ですね。家庭では du café（デュ キャフェ）、de la bière（ドゥ ラ ビエーる）のように部分冠詞を使うので要注意です。

人に道を尋ねる時、注意を引きたい時は、まずこの表現で始めましょう。これからフランス語で話すという合図にもなります。Excusez-moi Monsieur.（エクスキュゼ モワ ムスィうー）も同様に使えます。もちろんどちらも謝る時に使う表現でもあります。

Ça va? と体調などを聞かれた時の答です。大丈夫でない場合は Ça ne va pas.（サ ヌ ヴァ パ）となります。相手が謝ってきて、「たいしたことはない」と言いたい時は Ce n'est rien.（ス ネ りあン）、Ce n'est pas grave.（ス ネ パ グらーヴ）を使いましょう。

UNIT 6 重要表現（2）

はい。（肯定）	**Oui.** ウィ
いいえ。（否定）	**Non.** ノン
知りません。	**Je ne sais pas.** ジュ ヌ セ パ
知っています。	**Je le sais.** ジュ ル セ
もしもし。（電話）	**Allô!** アロー

Oui. だけではぶっきらぼうに聞こえる場合、状況に応じて Oui, merci. (ウィ メるスィ)「はい、ありがとう」、Oui, avec plaisir. (ウィ アヴェック プレズィーる)「はい、喜んで」、Oui, d'accord. (ウィ ダッコーる)「OK」を使いわけましょう。

Oui. だけの場合以上に、Non. だけではぶっきらぼうに聞こえますので、断る場合は Non, merci. (ノン メるスィ)「いいえ、結構です」、Non, je ne peux pas. (ノン ジュ ヌ プー パ)「いいえ、できません」のように文にしましょう。ただし、non と言うのをためらう必要はありません。できない時は、はっきりと意思表示をしましょう。後々のトラブル防止になります。

内容や事柄を知らない場合は Je ne sais pas. ですが、人や場所には Je ne connais pas 〜. (ジュ ヌ コネ パ)を使います。Je ne connais pas Paris. は、「パリを知らない」、つまり「パリに行ったことがない」という意味になります。

内容や事柄を知っている場合に Je le sais. を使います。le はその内容を指します。場所や人には Je connais Rome. (ジュ コネ ろーム)「私はローマを知っている」、Je connais Marie. (ジュ コネ マり)「マリーを知っている」のように connaître (コネートる)を使います。

電話の切り出しは allô。英語の hello と異なり、電話でしか使われません。自分の名を名乗るには C'est +名前 .、「〜さんと話したい」は Je voudrais parler à +名前 . (ジュ ヴドれ パるレ ア)を使います。

UNIT 7 重要表現（3）

ちょっと待ってください。	**Un instant, s'il vous plaît.** あん ナンスタン スィル ヴ プレ
トイレはどこですか。	**Où sont les toilettes?** ウ ソン レ トワレット
英語は話せますか。	**Vous parlez l'anglais?** ヴ パるレ ラングレ
フランス語はわかりません。	**Je ne comprends pas le français.** ジュ ヌ コンプらン パ ル フらンセ
フランス語は話せません。	**Je ne parle pas le français.** ジュ ヌ パるル パ ル フらンセ

un instant（＝瞬間）の代わりに une minute（ゆヌ　ミニュット）（＝1分）、deux minutes（ドゥー　ミニュット）（＝2分）、cinq minutes（サン　ミニュット）（＝5分）もよく使われますが、cinq minutes の場合、文字通りの5分よりはかなり長く待たされる覚悟が必要です。電話の場合は Ne quittez pas.（ヌ　キテ　パ）を使います。

toilettes は常に複数形で使います。les W.-C.（レ　ヴェセー）も使えますが、英語の bathroom にあたる、salle de bains（サル　ドゥ　バン）は使いません。フランスの家では、トイレとお風呂場が別になっていることが多いからです。

相手が英語を話せるかどうかを尋ねる表現です。pouvoir（＝できる）を使った Pouvez-vous parler en anglais?（プヴェ　ヴ　パるレ　アン　ナングレ）は英語が話せるか否かを尋ねるのではなく、「英語を話してもらいたい」という依頼の意味で使われます。

この表現でフランス語が理解できないことを伝えたら、何語で話して欲しいのかを伝えましょう。そうです、前の項目で出てきた、Pouvez-vous parler en anglais ? を使うのです。

フランス語が話せないことを伝える最も一般的な表現です。Je ne sais pas parler (le) français.（ジュ　ヌ　セ　パ　パるレ　(ル)　フランセ）は、「少しは話せる」という印象を与えます。また、pouvoir（＝できる）を使った Je ne peux pas parler le français.（ジュ　ヌ　プ　パ　パるレ　ル　フらンセ）は、「本来は話せるのに今は話せない」という、変な意味になりますので使えません。

UNIT 8 買物の時の表現
CD-8

いくらですか。	**C'est combien?** セ　　コンビあん
高いよ！	**C'est cher!** セ　　シェーる
安いね。	**C'est bon marché.** セ　　ボン　　マるシェ
これをください。	**Je vais le prendre.** ジュ　ヴェ　ル　プらンドる
いりません。	**Je vais réfléchir.** ジュ　ヴェ　れフレッシーる

Ça coûte combien?（サ　クート　コンビあん）も同様に使われます。合計金額を尋ねる場合は Ça fait combien?（サ　フェ　コンビあん）となります。また、医者、その他のサービスに対する値段は、ちょっと高度な Je vous dois combien?（ジュ　ヴ　ドワ　コンビあん）を使ってみましょう。

フランスのお店では一般的に値引き交渉はされませんが、のみの市や骨董品店などでは C'est cher! と言ってから、Vous pouvez faire une réduction?（ヴ　プヴェ　フェーる　ゆヌ　れデュクスィヨン）「値引きできますか」と交渉するのも楽しいものです。

「安い」に当たる一語は存在しないので、bon + marché（よい＋取引）で「安い」を意味するのです。cher を否定形で使った、Ce n'est pas cher.（ス　ネ　パ　シェーる）もよく使われます。「妥当な値段だ」と言いたい時には C'est raisonnable.（セ　れゾナーブル）です。

買う物が女性名詞の場合は、Je vais la prendre.（ジュ　ヴェ　ラ　プらンドる）、複数なら Je vais les prendre.（ジュ　ヴェ　レ　プらンドる）となります。名詞の性・数を考えなくてもすむ Je vais prendre ça.（ジュ　ヴェ　プらンドる　サ）もありますので、初めのうちはこれを使いましょう。

直訳は「考えます」ですが、実際には断りの表現です。商品を買わずにお店を出る際の切り札となります。また、C'est trop cher.（セ　トろ　シェーる）「高すぎる」、Je n'aime pas la couleur.（ジュ　ネム　パ　ラ　クルーる）「色が好きじゃない」など、理由を言うことで、断る意思を伝えることもできます。

UNIT 9 大変だ！（緊急時の表現）
CD-9

助けて！	**Au secours!** オ　スクーる

つきまとわないで！	**Laissez-moi tranquille!** レセ　　モワ　　トランキル

救急車を呼んでください！	**Appelez une ambulance!** アプレ　　ゆヌ　　アンビュランス

病院へ行ってください。	**Emmenez-moi à l'hôpital.** アンムネ　　モワ　ア　ロピタル

財布を取られました。	**On m'a volé mon portefeuille.** オン　マ　ヴォレ　モン　ポるトフーイ

危険な目にあった時は大声で叫びましょう。火事の場合は Au feu!（オ フー）「火事だ！」、引ったくりにあったら Au voleur!（オ ヴォルー る）「泥棒！」と、内容まで伝えられればＯＫです。しかし、そんな目にあ わないよう、前もって気をつけるのがベストです。

毅然とした態度ではっきりと言いましょう。あいまいな態度や、婉曲な 表現では、こちらの嫌がっている気持ちが相手に伝わらない場合があり ます。他には、Arrêtez de me suivre!（アれテ ドゥ ム スイーヴる）や、 単に Arrêtez!（アれテ）「やめて！」も使えます。

警察を呼んで欲しければ Appelez la police.（アプレ ラ ポリス）、医 者なら Appelez un médecin.（アプレ アン メドサン）となります。も ちろん Appelez un taxi, s'il vous plaît.（アプレ アン タクスィ スィ ル ヴ プレ）「タクシーを呼んでください」のように、緊急性がない場 合にも使える表現です。

警察署なら Emmenez-moi au commissariat de police.（アンムネモワ オ コミサりア ドゥ ポリス）となります。ただし、タクシーに乗って 行き先を指示する場合は、L'hôtel de Crillon（ロテル ドゥ クリヨン）, s'il vous plaît. のように、「行き先＋ s'il vous plaît」を使うのが普通です。

On m'a volé 〜 .「〜を取られた」は、スリや引ったくりにあった場 合に警察署で使う表現です。取られた物によって、mon portefeuille を mon passeport（モン パスポーる）「パスポート」、mon appareil（モン ナパれーイ）「カメラ」などに替えてください。

UNIT 10 数字を使った表現

お金	**3 euros 45 centimes.** トロワ ズーろ キャらントサン サンティーム
電話番号	**01.42.67.13.20** ゼろあん キャらントドゥー ソワサントセット トれーズ ヴァン
時刻・時間 「7時20分です」	**Il est sept heures vingt.** イレ セットゥーる ヴァン
年月日 (2004年9月12日)	**le 12 septembre 2004** ル ドゥーズ セプタンブる ドゥーミルキャトる
物を数える いろいろな表現 　1杯　　1枚 　1パック　1瓶	**une tasse de ～**　**une tranche de ～** ゆヌ タス ドゥ　ゆヌ トランシュ ドゥ **un paquet de ～**　**une bouteille de ～** あン パケ ドゥ　ゆヌ ブテーイ ドゥ

フランスの通貨はユーロと、その 1/100 のサンティーム。表記は "3,45 EUR" のように、ユーロの単位が最後につきますが、読む時は "3 euros 45"（トロワ　ズーロ　キャラントサンク）となります。centimes は読まないのが普通です。また、euros も読まない場合がありますから、「**キャトル ヴァン**」が、4,20 EUR なのか、80 EUR なのか気をつけなければなりません。

現在、フランスの一般の電話番号はすべて 10 桁です。日本と異なり、2 桁ずつ読んでいきますが、ゼロがつく場合は 06（**ゼロ　スィス**）のように、ゼロを別に読みます。ですから、日本の 045 は（**ゼロ　キャラント　サンク**）となります。

時間は heure（うーる）を使います。分は数字をそのまま読みますが、30 分は et demie（エ　ドミ）、15 分は et quart（エ　キャーる）、45 分は次の時刻＋ moins le quart（モワン　ル　キャーる）「15 分前」も使います。お昼は midi（ミディ）、真夜中は minuit（ミニュイ）です。

日本とは逆の、日月年の順で言います。1 日だけ le premier（ル　プるミエ）と特別な言い方をしますが、他の日は le をつけて普通に数字を読めばOKです。年号は数が大きいので、よく練習しておきましょう。

「一杯の」はコーヒーカップなら une tasse de ですが、ご飯のお茶碗なら un bol de（あン　ボル　ドゥ）、コップなら un verre de（あン　ヴェール　ドゥ）となります。「一枚の」は塊から切り取った場合は une tranche de ですが、紙一枚なら une feuille de（ゆヌ　フーイ　ドゥ）となります。一つずつ覚えるよう心掛けましょう。

UNIT 11 数字を覚えよう

CD-11

1	**un** あン	11	**onze** オーンズ	21	**vingt et un** ヴァン ＿テ あン
2	**deux** ドゥー	12	**douze** ドゥーズ	22	**vingt-deux** ヴァント ドゥー
3	**trois** トろワ	13	**treize** トれーズ	23	**vingt-trois** ヴァント トろワ
4	**quatre** キャトる	14	**quatorze** キャトーるズ	24	**vingt-quatre** ヴァント キャトる
5	**cinq** サンク	15	**quinze** キャーンズ	25	**vingt-cinq** ヴァント サンク
6	**six** スィス	16	**seize** セーズ	26	**vingt-six** ヴァント スィス
7	**sept** セット	17	**dix-sept** ディス セット	27	**vingt-sept** ヴァント セット
8	**huit** ゆイット	18	**dix-huit** ディズ ゆイット	28	**vingt-huit** ヴァント ゆイット
9	**neuf** ヌフ	19	**dix-neuf** ディズ ヌフ	29	**vingt-neuf** ヴァント ヌフ
10	**dix** ディス	20	**vingt** ヴァン	30	**trente** トらント

40	**quarante** キャらント	200	**deux cents** ドゥー　サン
50	**cinquante** サンカント	300	**trois cents** トろワ　サン
60	**soixante** ソワサント	2.000	**deux mille** ドゥー　ミル
70	**soixante-dix** ソワサント　ディス	3.000	**trois mille** トろワ　ミル
80	**quatre-vingts** キャトる　ヴァン	20.000	**vingt mille** ヴァン　ミル
90	**quatre-vingt-dix** キャトる　ヴァン　ディス	30.000	**trente mille** トらント　ミル
100	**cent** サン	200.000	**deux cent mille** ドゥー　サン　ミル
1.000	**mille** ミル	300.000	**trois cent mille** トろワ　サン　ミル
10.000	**dix mille** ディ　ミル	1.000.000	**un million** あン　ミリヨン
100.000	**cent mille** サン　ミル		

◆フランス語では，と．が逆になり、コンマの位置に．を、小数点の位置に，をつけます。

Part 2

すぐに使える重要表現 85 と
基本単語 1000

UNIT 12 自分のことを言う
私は〜です／ではありません。

1	3	2
私は	日本人 サラリーマン タカシ 学生 技術者	です。 ではありません。

語句を覚えよう！

japonais/e ジャポネ/ーズ	日本人	professeur ♠ プロフェッスーる	先生
salarié/e サラリエ	サラリーマン	employé/e アンプロワイエ	事務員
Takashi タカシ	タカシ	femme ♥ ファム　au foyer 　　　オ　フォワイエ	家事をする人
étudiant/e エテュディアン/ト	学生	P.-D.G. ♠ ペデジェ	社長
ingénieur ♠ アンジェニうーる	技術者	vendeur/se ヴァンドゥーる/ズ	販売員

38

UNIT 12
CD-12
Je suis 〜．
Je ne suis pas 〜．

1 Je (ジュ)

+

2 suis (スィ) / ne suis pas (ヌ スィ パ)

+

3
japonais/e．ジャポネ/ーズ
salarié/e．サラリエ
Takashi．タカシ
étudiant/e．エテュディアン/ト
ingénieur．アンジェニゅーる

mini 会話

A：あなたはフランス人ですか。　Vous êtes français?
　　　　　　　　　　　　　　　　ヴ　ゼット フらンセ？
B：いいえ、日本人です。　　　　Non, je suis japonais.
　　　　　　　　　　　　　　　　ノン　ジュ スィ　ジャポネ
A：あなたは学生ですか。　　　　Vous êtes étudiant?
　　　　　　　　　　　　　　　　ヴ　ゼット エテュディアン？
B：いいえ、サラリーマンです。　Non, je suis salarié.
　　　　　　　　　　　　　　　　ノン　ジュ スィ　サラリエ

Point 男性形を女性形にする場合、原則的には男性形に e をつけます。「学生」étudiant / étudiante が、そうですね。ところが、「技術者」や「先生」を見てください。男女同形になっています。これは、かつて技術者や先生には、主に男性がなるものと考えられていたので、女性形が存在しないのです。男女同形の仲間には、他に医者や作家などがあります。

UNIT 13 CD-13 ●相手について聞く
あなたは〜ですか。

1	3	2
あなたは	アメリカ人 マルタンさん（男性） マルタンさん（既婚女性） マルタンさん（独身女性） フランス人	ですか。

語句を覚えよう！

américain/e アメリカン/ケンヌ	アメリカ人	anglais/e アングレ/ーズ	イギリス人
Monsieur Martin ムスィュー　まるタン	マルタンさん（男性）	chinois/e シノワ/ーズ	中国人
Madame Martin マダム　まるタン	マルタンさん（既婚女性）	allemand/e アルマン/ド	ドイツ人
Mademoiselle Martin マドモワゼル　まるタン	マルタンさん（独身女性）	italien/ne イタリあン/エンヌ	イタリア人
français/e フらンセ/ーズ	フランス人	espagnol/e エスパニョル	スペイン人

UNIT 13　Vous êtes ～ ?

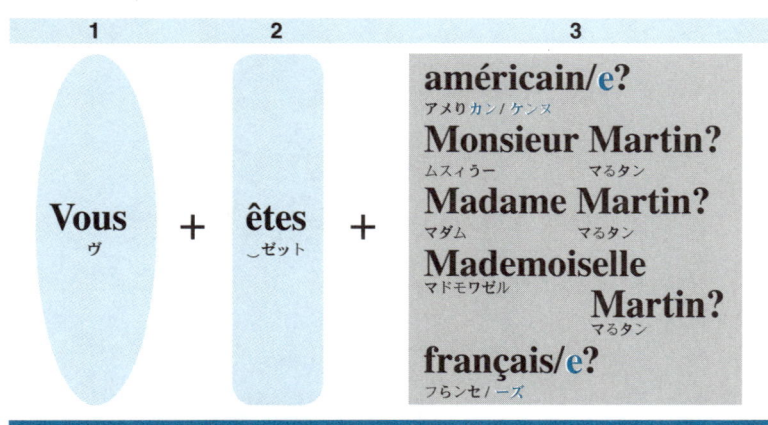

CD-13

1	2	3
Vous ヴ	**êtes** ゼット	**américain/e?** アメリカン / ケンヌ **Monsieur Martin?** ムスィゥー　　マルタン **Madame Martin?** マダム　　　マルタン **Mademoiselle Martin?** マドモワゼル　　　　マルタン **français/e?** フらンセ / ーズ

mini 会話

A：あなたはデュボワさん（既婚女性）ですか。　　Vous êtes Madame Dubois?
　　　　　　　　　　　　　　　　　　　　　　　ヴ　ゼット　マダム　デュボワ？

B：いいえ、デュボワではありません。　　　　　　Non, je ne suis pas Madame Dubois.
　　　　　　　　　　　　　　　　　　　　　　　ノン　ジュ ヌ スィ パ　マダム　デュボワ

A：失礼しました。　　　　　　　　　　　　　　Je suis désolé.
　　　　　　　　　　　　　　　　　　　　　　　ジュ スィ　デゾレ

Point　既婚の女性は Madame（マダム）、未婚の女性は Mademoiselle（マドモワゼル）と呼びます。日本人は、「若く見えるからマドモワゼルと呼んであげたら喜ぶだろう」と考えてしまいますが、フランスには「マダムの方が格が上」という昔からの伝統的な考え方がまだ残っています。既婚・未婚が不明な年配女性は、マダムと呼ぶのが無難です。

UNIT 14 CD-14 ■ 紹介する時
こちらは〜です。

1	3	2

こちらは

- 私の妻
- 私の友達（男性）
- 私の友達（女性）
- 私の恋人
- 私の会社の社長

です。

語句を覚えよう！

語句	意味	語句	意味
femme ♡ ファム	妻	mari ♠ マリ	夫
ami/e アミ	友達	mère ♡ メール	母
mon ami/e モン ナミ	恋人	parents パラン	両親
le P.-D.G. ♠ ル ペデジェ de ma société ドゥ マ ソスィエテ	私の会社の社長	fils ♠ フィス	息子
père ♠ ペール	父	fille ♡ フィーユ	娘

UNIT 14　C'est 〜．

1+2　　**3**

C'est
セ
＋
ma femme.
マ　ファム
un ami.
タン　ナミ
une amie.
テュヌ　アミ
mon ami/e.
モン　ナミ
le P.-D.G. de ma société.
ル　ペデジェ　ドゥ　マ　ソスィエテ

mini 会話

A：こちらは私の妻です。　　C'est ma femme.
　　　　　　　　　　　　　セ　マ　ファム

B：はじめまして。　　　　　Enchantée.
　　　　　　　　　　　　　アンシャンテ

　　お目にかかれて嬉しいです。　Je suis très heureuse
　　　　　　　　　　　　　　　ジュ スィ トれ ズーるーズ

　　　　　　　　　　　　　de vous voir.
　　　　　　　　　　　　　ドゥ ヴ ヴォワール

Point　「私の恋人（男性）」は、mon「私の」＋ ami「友達」で mon ami と言います。「私の恋人（女性）」は、mon「私の」＋ amie「友達（女性形）」で mon amie と言います。つまり「私の」をつけると、友達ではなく恋人という意味になってしまうのです。ただの友達を紹介する時は、不定冠詞をつけて un ami / une amie と言いましょう。

UNIT 15 CD-15 ● 居住地の表現
私／私たちは〜から来ました。

1	3		2
私は 私たちは	日本 東京 ニューヨーク ロンドン パリ	から	来ました。

語句を覚えよう！

le Japon ♠ ル ジャポン	日本	Séoul セウル	ソウル
Tokyo トキヨ	東京	Bangkok バンコック	バンコク
New York ニュー ヨるク	ニューヨーク	Rome ろーム	ローマ
Londres ロンドる	ロンドン	Madrid マドリッド	マドリッド
Paris パリ	パリ	Berlin べるラン	ベルリン

UNIT 15 Je viens de ～.
CD-15 Nous venons de ～.

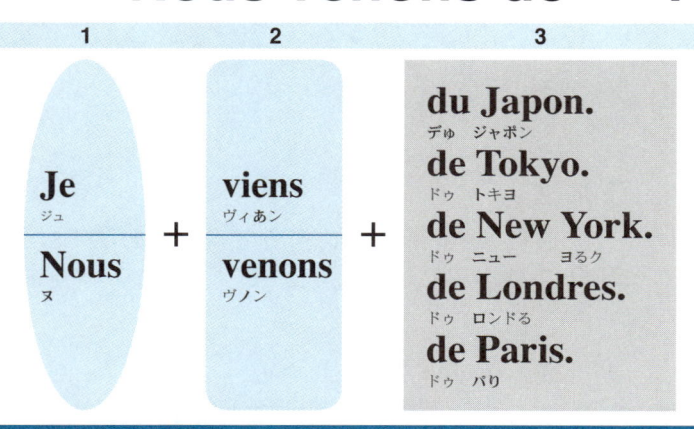

1	2	3
Je ジュ / **Nous** ヌ	**viens** ヴィあン / **venons** ヴノン	**du Japon.** デュ ジャポン **de Tokyo.** ドゥ トキヨ **de New York.** ドゥ ニュー ヨるク **de Londres.** ドゥ ロンドる **de Paris.** ドゥ パり

mini 会話

A：どちらから来ましたか。　　Vous venez d'où?
　　　　　　　　　　　　　　ヴ　　ヴネ　　　ドゥ

B：私は東京から来ました。　　Je viens de Tokyo.
　　　　　　　　　　　　　　ジュ ヴィあン ドゥ トキヨ

C：私たちはニューヨークから　Nous venons de New York.
　　来ました。　　　　　　　ヌ　　ヴノン　ドゥ ニュー ヨるク

Point フランス語では、都市名には性別はありません。ところが、国名には性別があるのです。例えば日本は男性名詞なので、男性名詞用の定冠詞 le が必要となり、「日本から」と言う時は、de (=from) + le (=the) + Japon となるので、de と le のくっついた形 du が現れることになります。ちなみに、フランスは女性名詞、アメリカは男性名詞です。

UNIT 16 / CD-16

■ 物について尋ねる
これ／あれは〜ですか。

1 これは / あれは **3** 駅／学校／病院／植物／動物 **2** ですか。

語句を覚えよう！

gare ♡ ギャーる	駅	oiseau ♠ ワゾー	鳥
école ♡ エコール	学校	insecte ♠ あンセクト	虫
hôpital ♠ オピタル	病院	viande ♡ ヴィアンド	肉
plante ♡ プラント	植物	poisson ♠ ポワッソン	魚
animal ♠ アニマル	動物	Ça se mange? サ ス マンジュ	これは食べられますか。

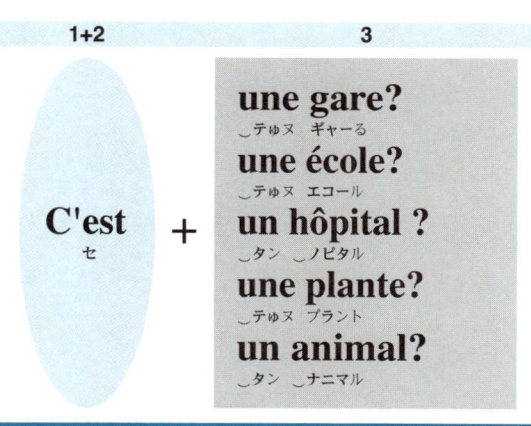

UNIT 16 CD-16
C'est 〜 ?

1+2　　　　　　　**3**

C'est +
- **une gare?** テュヌ ギャール
- **une école?** テュヌ エコール
- **un hôpital ?** タン ノピタル
- **une plante?** テュヌ プラント
- **un animal?** タン ナニマル

mini 会話

A：すみません、これは病院ですか。 Pardon, c'est un hôpital?
　　　　　　　　　　　　　　　　　パルドン　セ　タン ノピタル

B：いいえ、病院ではありません。 Non, ce n'est pas un hôpital.
　　　　　　　　　　　　　　　　ノン　ス　ネ　パ　ザン ノピタル
　学校です。 C'est une école.
　　　　　　セ　　テュヌ エコール

Point 英語の不定冠詞は a / an の2種類ですが、フランス語では3種類を使いわけます。insecte「虫」のような男性単数名詞は un insecte、plante「植物」のような女性単数名詞は une plante と言います。更に英語には存在しない、複数名詞のための不定冠詞 des もあり、男女両方の名詞に使います。例えば des insectes/des plantes のようになります。

UNIT 17 CD-17

● 所有の表現

私は～を持っています／持っていません。

1	3		2
私は	パスポート かばん カメラ クレジットカード 切符	を	持っています。 持っていません。

語句を覚えよう！

passeport ♠ パスポーる	パスポート	argent ♠ あるジャン	お金
sac ♠ サック	かばん	clé ♥ クレ	鍵
appareil-photo ♠ アパれーイ　フォト	カメラ	chèque ♠ de voyage シェック　ドゥ ヴォワイヤージュ	トラベラーズチェック
carte de crédit キャるト ドゥ クれディ ♥	クレジットカード	objets ♠ précieux オブジェ　プれスィゥー	貴重品
billet ♠ ビエ	切符	billet ♠ d'avion ビエ　ダヴィヨン	航空券

UNIT 17　J'ai ～．
CD-17　Je n'ai pas ～．

1+2

J' ai
ジェ

Je n'ai pas
ジュ ネ　パ

＋

3

un(de) passeport.
アン（ドゥ）　パスポール

un(de) sac.
アン（ドゥ）　サック

un(d') appareil-photo.
アン　　ナパれーイ（ダパれーイ）フォト

une(de) carte de crédit.
ゆヌ（ドゥ）　キャるト　ドゥ　クれディ

un(de) billet.
アン（ドゥ）　ビエ

mini 会話

A：私はお金を持っていません。でもクレジットカードを持っています。いいですか。

Je n'ai pas d'argent.
ジュ ネ　パ　ダるジャン

Mais j'ai une carte de
メ　ジェ　ゆヌ　キャるト　ドゥ

crédit. Ça va?
クれディ　サヴァ

B：こちらでは、クレジットカードは扱ってないのですが。

Nous n'acceptons pas les
ヌ　ナクセプトン　　パ　レ

cartes de crédit.
キャるト　ドゥ　クれディ

Point

「私はパスポートを持っていません」という否定文の場合、un passeport の冠詞 un が de に変わり、Je n'ai pas de passeport. となります。そのまま un を残して Je n'ai pas un passeport. と言うと、un「ひとつ」の意味が強調されて、「ひとつも持っていない」というニュアンスになってしまいます。

UNIT 18　■ 所有関係の表現
この〜は…の物です／ではありません。
CD-18

1	3	2
この(あの)コート この(あの)ペン この(あの)バッグ　　は この(あの)スーツケース この(あの)時計	私の物 彼の物 あなたの物	です。 ではありません。

語句を覚えよう！

à moi ア　モワ	私の物	manteau ♠ マントー	コート
à vous ア　ヴ	あなたの物	stylo ♠ スティロ	ペン
à lui ア　リュイ	彼の物	sac ♠ サック	バッグ
à elle ア　エル	彼女の物	valise ♡ ヴァリーズ	スーツケース
à eux ア　うー	彼らの物	montre ♡ モントる	時計

UNIT 18 (CD-18)

Ce 〜 est à ….
Ce 〜 n'est pas à ….

1	2	3

Ce manteau
ス　マントー
Ce stylo
ス　スティロ
Ce sac
ス　サック
Cette valise
セット　ヴァリーズ
Cette montre
セット　モントる

+

est
エ
n'est pas
ネ　パ

+

à moi.
　タ(ザ) モワ
à lui.
　タ(ザ) リュイ
à vous.
　タ(ザ) ヴ

mini 会話

A：これは誰の物ですか。　　　C'est à qui?
　　　　　　　　　　　　　　　　セ　　タ キ
B：それは私の物です。　　　　C'est à moi.
　　　　　　　　　　　　　　　　セ　　タ モワ
A：あのバッグは誰のですか。　Ce sac est à qui?
　　　　　　　　　　　　　　　　ス サック エ　タ キ
B：彼の物です。　　　　　　　À lui.
　　　　　　　　　　　　　　　　ア リュイ

Point 日本語では「この・その・あの」を区別しますが、フランス語では区別しません。近くにあっても遠くにあっても、ペン（男性名詞）であればce stylo となり、時計（女性名詞）であればcette montre となります。お互いが見える物について話しているわけですから、区別しないでも大丈夫なのですね。

UNIT 19 CD-19

■ 場所を尋ねる

この辺に〜はありますか。

| 3 | 2 | 1 |

| この辺に | 銀行
郵便局
レストラン は
ホテル
デパート | ありますか。 |

語句を覚えよう！

banque ♥ バンク	銀行	supermarché ♠ スュペるマルシェ	スーパー
poste ♥ ポスト	郵便局	hypermarché ♠ イペるマルシェ	大型スーパー
restaurant ♠ れストらン	レストラン	librairie ♥ リブれり	本屋
hôtel ♠ オテル	ホテル	pharmacie ♥ ファるマスィ	薬屋
grand magasin ♠ グらン　マガザン	デパート	médecin ♠ メドサン	医者

UNIT 19
CD-19

Est-ce qu'il y a ～ près d'ici?

Est-ce qu'il y a + **une banque / une poste / un restaurant / un hôtel / un grand magasin** + **près d'ici?**

mini 会話

A：この辺にレストランはありますか。
B：向こうに日本のレストランがあります。
A：デパートはどうですか。
B：この辺にデパートはないです。

Est-ce qu'il y a un restaurant près d'ici?
Là-bas, il y a un restaurant japonais.
Et un grand magasin?
Il n'y a pas de grand magasin près d'ici.

Point 日本では必須となった 24 時間営業のコンビニエンス・ストアですが、フランスにはほとんどありません。ですから、深夜にちょっとそこまで買物に…などということはできません。でももちろんスーパーマーケットはあります。特に日本でもおなじみの Carrefour「カルフール」など、駐車場を完備した大型スーパーは "super の上" という意味で hypermarché と呼ばれています。

UNIT 20
CD-20

■ 物の有無を尋ねる

〜はありますか。

2		1
コーヒー 紅茶 ビール フィルム たばこ	は	ありますか。

語句を覚えよう！

café ♠ キャフェ	コーヒー	eau ♥ オー	水
thé ♠ テ	紅茶	eau ♥ chaude オー　ショード	お湯
bière ♥ ビエーる	ビール	carte ♥ postale キャるト　ポスタル	絵はがき
pellicule ♥ ペリキュル	フィルム	pile ♥ ピル	電池
cigarette ♥ スィギャれット	たばこ	kleenex ♠ クリネクス	ティッシュ

UNIT 20　Vous avez ～ ?

Vous avez
ヴ　ザヴェ

＋

du café?
デュ　キャフェ
du thé?
デュ　テ
de la bière?
ドゥ　ラ　ビエーる
une pellicule?
ゆヌ　ペリキュル
des cigarettes?
デ　スィギャれット

mini 会話

（飛行機の機内で）

A：砂糖はありますか。　　　Vous avez du sucre?
　　　　　　　　　　　　　　ヴ　ザヴェ　デュ　スュークる
B：はい、どうぞ。　　　　　Oui, voilà, Monsieur.
　　　　　　　　　　　　　　ウィ　ヴォワラ　ムスィゥー
A：クリームもありますか。　Vous avez de la crème aussi?
　　　　　　　　　　　　　　ヴ　ザヴェ　ドゥ　ラ　クれーム　オスィ
B：はい、どうぞ。　　　　　Oui, voilà, Monsieur.
　　　　　　　　　　　　　　ウィ　ヴォワラ　ムスィゥー

Point　コーヒーなどの液体や、砂糖など粉状の物は、フランス語では数えられない名詞として扱われます。そのため、数えられない名詞のための不定冠詞（部分冠詞）が存在するのです。これが、du（男性名詞用）と de la（女性名詞用）です。これに対し数えられる名詞には、un / une / des を使います。（UNIT 16 の point 参照）

UNIT 21
CD-21

● 行動を言う
私は～します。

	1	3	2
	私は	レストランで	食事をします。
		公園へ	行きます。
		家へ	帰ります。
		服を	買います。
		薬を	飲みます。

語句を覚えよう！

manger au restaurant マンジェ オ れストラン	レストランで食事をする	boire du vin ボワーる デュ ヴァン	ワインを飲む
aller au parc アレ オ パるク	公園へ行く	travailler トらヴァイエ	仕事をする
rentrer chez moi らントれ シェ モワ	家へ帰る	étudier エテュディエ	勉強をする
acheter des vêtements アシュテ デ ヴェットマン	服を買う	écouter de la musique エクテ ドゥ ラ ミュズィク	音楽を聞く
prendre un médicament プらンドる アン メディカマン	薬を飲む	regarder la télé るギャるデ ラ テレ	ＴＶを見る

UNIT 21
CD-21

Je vais ～.

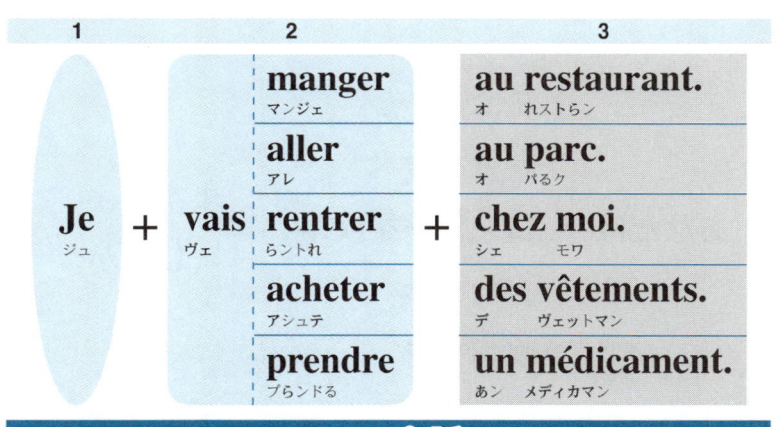

1		2		3
Je ジュ	**+**	**vais** ヴェ	**+**	
		manger マンジェ		**au restaurant.** オ　れストラン
		aller アレ		**au parc.** オ　パルク
		rentrer らントれ		**chez moi.** シェ　モワ
		acheter アシュテ		**des vêtements.** デ　ヴェットマン
		prendre プらンドる		**un médicament.** アン　メディカマン

mini 会話

A：この週末は何をしますか。　Qu'est-ce que vous faites ce week-end?
　　　　　　　　　　　　　　ケ　ス　ク　ヴ　フェット　ス　ウィーケンド

B：私はテレビを見ます。　　　Je vais regarder la télé.
　　　　　　　　　　　　　　ジュ ヴェ　るギャるデ　ラ　テレ

A：この金曜日は何をしますか。 Qu'est-ce que vous faites vendredi?
　　　　　　　　　　　　　　ケ　ス　ク　ヴ　フェット　ヴァンドるディ

B：レストランで食事をします。 Je vais manger au restaurant.
　　　　　　　　　　　　　　ジュ ヴェ　マンジェ　オ　れストラン

Point 自分のこれからの行動を言う時には、Je vais ～．という表現を使います。je は「私」、vais は aller「行く」という動詞の活用形です。この je vais ～の後に、その行動を表す動詞の原形をつなげましょう。こうすれば、原形だけ知っていればいいわけで、いろいろな動詞の活用形を覚えないですみます。

UNIT 22
CD-22

■ 行動を尋ねる
あなたは〜をしますか／しましたか。

| 1 | 3 | 2 |

| あなたは | テニスをし
昼食を食べ
コーヒーを飲み
夕食を食べ
映画を見 | ますか。
ましたか。 |

語句を覚えよう！

faire(fait) フェーる(フェ) 　　du tennis 　　デュ　テニス	テニスをする	lire(lu) リーる(リュ) 　　le journal 　　ル　ジュるナル	新聞を読む
déjeuner デジュネ (déjeuné) (デジュネ)	昼食を食べる	écouter(écouté) エクテ　　(エクテ) 　　la radio 　　ラ　らディオ	ラジオを聞く
prendre(pris) プらンドる　(プリ) 　　du café 　　デュ　キャフェ	コーヒーを飲む	travailler トらヴァイエ (travaillé) (トらヴァイエ)	仕事をする
dîner(dîné) ディネ　(ディネ)	夕食を食べる	prendre(pris) プらンドる　(プリ) 　　un pot 　　アン　ポ	一杯飲む
voir(vu) le film ヴォワーる(ヴュ)ル　フィルム	映画を見る	faire(fait) フェーる(フェ) 　　un voyage 　　アン　ヴォワイヤージュ	旅行に行く

UNIT 22
CD-22

Vous allez 〜 ?
Vous avez 〜 ?

1　**2**　**3**

Vous
ヴ

\+

allez
ザレ

avez
ザヴェ

\+

faire(fait) du tennis?
フェーる（フェ）デュ テニス

déjeuner(déjeuné)?
デジュネ （デジュネ）

prendre(pris) du café?
プらンドる （プり）デュ キャフェ

dîner(dîné)?
ディネ （ディネ）

voir(vu) le film?
ヴォワーる（ヴュ）ル フィルム

mini 会話

A：午後テレビを見ますか。　　Vous allez regarder la
　　　　　　　　　　　　　　ヴ　ザレ　るギャるデ　ラ
　　　　　　　　　　　　　　télé cet après-midi?
　　　　　　　　　　　　　　テレ セッ タプれ ミディ
B：はい。　　　　　　　　　　Oui.
　　　　　　　　　　　　　　ウィ
A：その後は何をしますか。　　Qu'est-ce que vous allez
　　　　　　　　　　　　　　ケ　ス ク ヴ　ザレ
　　　　　　　　　　　　　　faire après?
　　　　　　　　　　　　　　フェーる アプれ
B：友達と一緒に夕食を食べます。 Je vais dîner avec des amis.
　　　　　　　　　　　　　　ジュ ヴェ ディネ アヴェック デ ザミ

Point 相手のこれからの行動を尋ねる時は、UNIT 21 の Je vais 〜. の主語を変えて、Vous allez 〜 ? とします。過去の行動については、「主語 vous + 助動詞 avez + 過去分詞」という形（複合過去）を使います。上の本文と左のページでは、過去分詞は（　）内に示されていますので、例えば Vous avez fait du tennis? のようになります。

UNIT 23
CD-23

● 習慣・趣味について

私は〜をしません。

1	3	2
私は	お酒を	飲みません。
	ゴルフを ギャンブルを 麻雀を	しません。
		たばこを吸いません。

語句を覚えよう！

boire de l'alcool ボワーる ドゥ ラルコール	酒を飲む	faire du base-ball フェーる デュ ベズボル	野球をする
faire du golf フェーる デュ ゴルフ	ゴルフをする	faire du football フェーる デュ フットボル	サッカーをする
faire des paris フェーる デ パリ	ギャンブルをする	faire du vélo フェーる デュ ヴェロ	サイクリングをする
jouer au mah-jong ジュエ オ マー ジョン	麻雀をする	faire de la natation フェーる ドゥ ラ ナタスィヨン	水泳をする
fumer フュメ	たばこを吸う	faire de la planche à voile フェーる ドゥ ラ プランシュ ア ヴォワル	ウィンドサーフィンをする

UNIT 23
CD-23

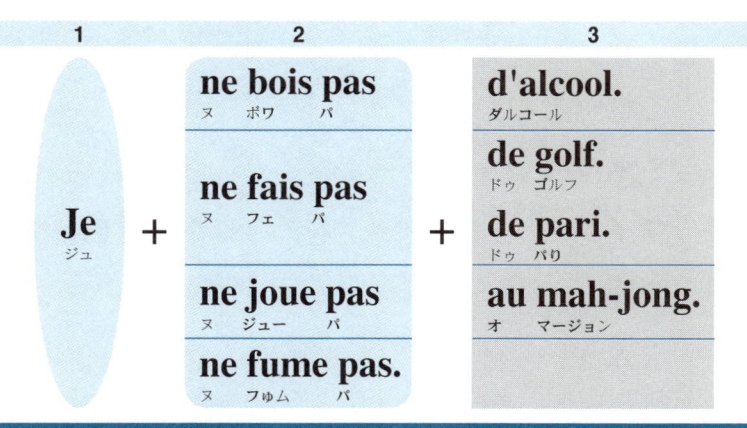

Je ne ～ pas.

1	2	3
Je ジュ	**ne bois pas** ヌ ボワ パ	**d'alcool.** ダルコール
	ne fais pas ヌ フェ パ	**de golf.** ドゥ ゴルフ
	ne joue pas ヌ ジュー パ	**de pari.** ドゥ パリ
	ne fume pas. ヌ フュム パ	**au mah-jong.** オ マージョン

mini 会話

A：お酒は飲みますか。　　　　　Vous buvez de l'alcool?
　　　　　　　　　　　　　　　ヴ　ビュヴェ　ドゥ ラルコール

B：いいえ、私はお酒は飲みません。Non, je ne bois pas d'alcool.
　　　　　　　　　　　　　　　ノン　ジュ ヌ　ボワ　パ　ダルコール

　　あなたは？　　　　　　　　　Et vous?
　　　　　　　　　　　　　　　エ ヴ

A：私は、お酒もたばこもやりま　Moi, ni alcool ni cigarette.
　　せん。　　　　　　　　　　モワ　ニ　アルコール　ニ　スィギャれットゥ

Point 否定は、動詞を ne と pas で挟んでつくります。ただし、日常会話では ne を省略してしまうことがよくあります。例えば左ページの最初の例だと、Je bois pas d'alcool. のようになります。ですから、会話を聞く時には、pas に注意していましょう。

UNIT 24 CD-24
■欲しい時の表現
〜をください。

1		2
これ（あれ） ミネラルウォーター ワイン 新聞 メニュー	を	ください。

語句を覚えよう！

ça サ	これ（あれ）	photocopie ♥ フォトコピ	コピー
eau ♥ minérale オー　ミネらル	ミネラル ウォーター	fax ♠ ファクス	ファックス
vin ♠ ヴァン	ワイン	quelqu'un ケルカン 　qui comprend キ　コンプらン 　　le japonais 　　ル　ジャポネ	日本語が わかる人
journal ♠ ジュるナル	新聞	interprète ♠♥ あンテるプれット	通訳
carte ♥ キャるト	メニュー	appel ♠ アペル 　réveil-matin 　れヴェーイ　マタン	モーニング コール

62

UNIT 24
CD-24

～ , s'il vous plaît.

1

Ça,
サ
De l'eau minérale,
ドゥ ロー ミネラル
Du vin,
デュ ヴァン
Le journal,
ル ジュルナル
La carte,
ラ キャルト

+

2

s'il vous plaît.
スィル ヴ プレ

mini 会話

A：何かご用は？

Je peux vous aider?
ジュ プー ヴ ゼデ

B：310号室の鍵をください。

La clé de la chambre trois
ラ クレ ドゥ ラ シャンブる トろワ
cent dix, s'il vous plaît.
サン ディス スィル ヴ プレ

A：どうぞ。

Voilà, Monsieur.
ヴォワラ ムスィーュー

Point 英語の please にあたる s'il vous plaît は、とても便利な表現です。買物の時は、買いたい商品を差し出しながら、S'il vous plaît. と言いましょう。カフェやホテルなどで人を呼びたい時も、S'il vous plaît! と大きな声で言えば、誰かが来てくれます。注文する時は、「コーヒーひとつ」ならば、Un café, s'il vous plaît. と言います。

UNIT 25 CD-25

● 希望を伝える

（私は）〜をしたいのですが。

1	3	2
私は	空港へ行き 部屋を予約し 飛行機の座席を予約し 円をドルに両替し スケジュールを変更し	たいのですが。

語句を覚えよう！

aéroport ♠ アエロポーる	空港	aller アレ	行く
chambre ♡ シャンブる	部屋	réserver れぜるヴェ	予約する
place ♡ プラス	座席	avion ♠ アヴィヨン	飛行機
dollar ♠ ドラーる	ドル	changer シャンジェ	両替する 変更する
plan ♠ プラン	スケジュール	déjà confirmé デジャ　コンフィるメ	確認済み

64

UNIT 25　Je voudrais ～.

CD-25

1	2	3
Je ジュ	**voudrais** ヴドれ	**aller à l'aéroport.** アレ ア ラエろポーる **réserver une chambre.** れぜるヴェ ゆヌ シャンブる **réserver une place d'avion.** れぜるヴェ ゆヌ プラス ダヴィヨン **changer des yens en dollars.** シャンジェ デ イエン アン ドラーる **changer le plan.** シャンジェ ル ブラン

mini 会話

A：すみません。空港へ行きたいのですが。
B：タクシーに乗ったらいいですよ。
A：円の両替もしたいのですが、近くに銀行はありますか。

Pardon, je voudrais aller
パるドン ジュ ヴドれ アレ
à l'aéroport.
ア ラエろポーる
Vous pouvez prendre un taxi.
ヴ プヴェ プらンドる アン タクスィ
Je voudrais changer des
ジュ ヴドれ シャンジェ デ
yens aussi. Est-ce qu'il y a
イエン オスィ エ ス キリ ア
une banque près d'ici?
ゆヌ バンク プれ ディスィ

Point　voudrais は、英語の want にあたる vouloir という動詞を、「条件法」という特別な形に活用したものです。なぜ特別な形にしてあるかといえば、丁寧な表現にするためです。普通の現在形で je veux（英語の I want）と言うと、強い望みを言っているのだというきつい印象を与えてしまうことがありますが、je voudrais は英語の I would like にあたるような言い方で、やわらかい印象になります。

UNIT 26
CD-26

■ して欲しいことを頼む

（あなたは）〜してくださる時間がありますか。

1	3	2
（あなたは）	ここに来てくださる 私を手伝ってくださる 電話をしてくださる タクシーを呼んでくださる 私に街を案内してくださる	時間がありますか。

語句を覚えよう！

venir ヴニーる	来る	apporter アポるテ　des bagages デ　バギャージュ	荷物を運ぶ
aider エデ	手伝う	appeler アプレ　un médecin アン　メドサン	医者を呼ぶ
téléphoner テレフォネ	電話をする	envoyer un mail アンヴォワイエ あん メル	Eメールを送る
appeler un taxi アプレ　あん タクスィ	タクシーを呼ぶ	envoyer un fax アンヴォワイエ あん ファクス	ファックスを送る
guider ギデ　dans la ville ダン　ラ　ヴィル	街を案内する	interpréter あんテるプれテ	通訳をする

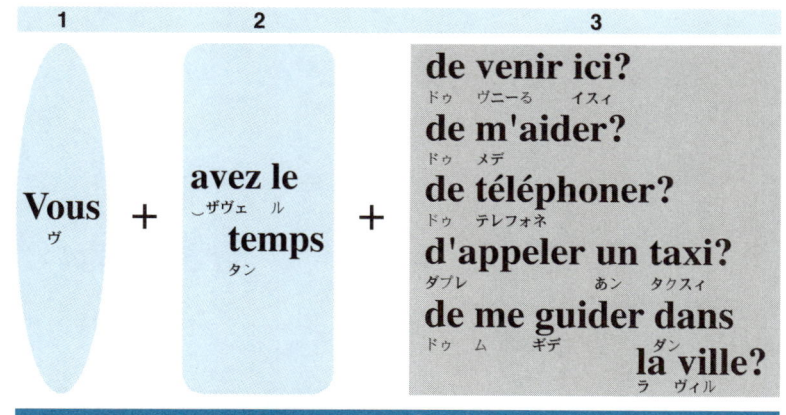

UNIT 26
CD-26

Vous avez le temps de～?

1 Vous
ヴ

\+

2 avez le temps
ザヴェ ル　タン

\+

3
de venir ici?
ドゥ ヴニーる イスィ
de m'aider?
ドゥ メデ
de téléphoner?
ドゥ テレフォネ
d'appeler un taxi?
ダプレ　　　　　アン タクスィ
de me guider dans la ville?
ドゥ ム ギデ　　ダン　ラ ヴィル

mini 会話

A：私を手伝ってくださる時間がありますか。

Vous avez le temps de m'aider?
ヴ ザヴェ ル タン ドゥ メデ

B：はい。ただし、ロビーで私を待っていてくださる時間がありますか。

Oui. Seulement, vous avez le temps de m'attendre dans le hall?
ウィ スールマン ヴ ザヴェ ル タン ドゥ マタンドる ダン ル オル

Point 何かを頼む時、ちょっと気遣う表現をつけ加えたい時に便利なのが、Vous avez le temps? です。「このようなことをやってもらえる時間がありますか?」という気持ちを伝えることができます。また、一部を変えて Vous avez du temps? とすると、「今ちょっとお時間がありますか?」という表現になります。

UNIT 27
CD-27

■ 行き先・目的地への希望表現

～に行きたい／行きたくない。

1	3	2
私は	ユーロディズニーに 中心街に 日本大使館に ガイドツアーに ショッピングをしに	行きたい。 行きたくない。

語句を覚えよう！

Euro Disney うーろ ディズネ	ユーロ ディズニー	kiosque ♠ キヨスク	新聞などの売店
centre-ville ♠ サントる ヴィル	中心街	les Champs-Élysées レ シャン ゼリゼ	シャンゼリゼ
ambassade ♡ アンバサッド du Japon デュ ジャポン	日本大使館	magasin ♠ マガザン	大きめの店
visite ♡ guidée ヴィズィット ギデ	ガイドツアー	boutique ♡ ブティック	小さめの店
faire フェーる les magasins レ マガザン	ショッピング をする	épicerie ♡ エピスり	食品店

68

UNIT 27
CD-27

Je voudrais aller à 〜.
Je ne veux pas aller à 〜.

1   **2**   **3**

Je ジュ	**voudrais** ヴドれ **aller** アレ **ne veux** ヌ ヴー **pas aller** パ アレ	**à Euro Disney.** ア うーろ ディズネ **au centre-ville.** オ サントる ヴィル **à l'ambassade du Japon.** ア ランバサッド デュ ジャポン **à la visite guidée.** ア ラ ヴィズィット ギデ **faire les magasins.** フェール レ マガザン

mini 会話

A：どこに行きたいですか。   Vous voulez aller où?
　　　　　　　　　　　　　　　　ヴ　　ヴレ　　　アレ　　ウ
B：中心街へ行きたいです。   Je voudrais aller au centre-ville.
　　　　　　　　　　　　　　　ジュ ヴドれ　　アレ　オ　サントる　　ヴィル
A：そこで何をしたいですか。 Qu'est-ce que vous voulez
　　　　　　　　　　　　　　　ケ　　ス　ク　ヴ　　ヴレ
　　　　　　　　　　　　　　　faire là-bas?
　　　　　　　　　　　　　　　フェール ラ バ
B：ショッピングをしたいです。 Je voudrais faire les magasins.
　　　　　　　　　　　　　　　　ジュ ヴドれ　　　フェール レ マガザン

Point   voudrais も veux も、同じ vouloir（英語の want）の活用形です。UNIT 25 の point を見てください。希望を伝える時は、婉曲表現の効果を持たせるために、特別な voudrais という形を使いました。でも「〜したくない」と言いたい時は、普通の現在形 veux を、否定の ne ... pas で挟んで Je ne veux pas 〜 . として使うのが通常です。

UNIT 28
CD-28

■ 行く手段の表現
～で行きたい／行きたくない。

1	4	3	2
（私は）	車（自家用車） タクシー 観光バス 電車 地下鉄	で	行きたい。 行きたくない。

語句を覚えよう！

voiture ♡ ヴォワテゅーる	自動車	autobus ♠ オトビゅス	路線バス
taxi ♠ タクスィ	タクシー	vélo ♠ ヴェロ	自転車
car ♠ キャーる	観光バス	bac ♠ バック	フェリー
train ♠ トらン	電車	bateau ♠ バトー	船
métro ♠ メトろ	地下鉄	avion ♠ アヴィヨン	飛行機

UNIT 28 / CD-28
Je voudrais aller en ～.
Je ne veux pas aller en ～.

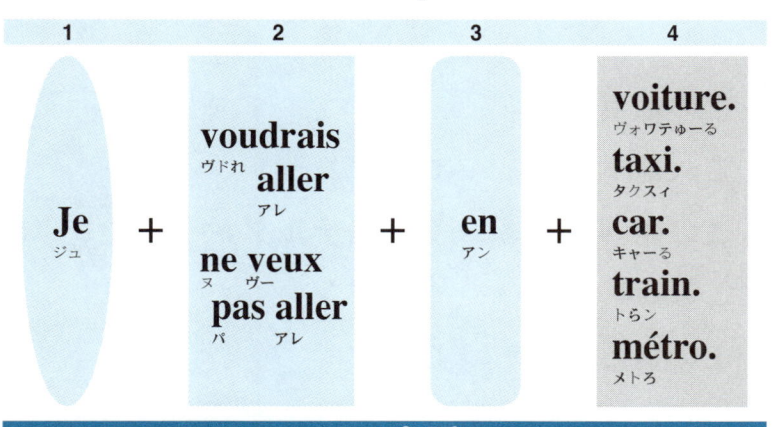

1	2	3	4
Je ジュ	**voudrais** ヴドれ **aller** アレ + **ne veux** ヌ ヴー **pas aller** パ アレ	**en** アン	**voiture.** ヴォワテゅーる **taxi.** タクスィ **car.** キャーる **train.** トらン **métro.** メトろ

mini 会話

A：何で行きますか。
Vous voulez aller comment?
ヴ ヴレ アレ コマン

B：電車で行きたいです。
Je voudrais aller en train.
ジュ ヴドれ アレ アン トらン

A：では、ＴＧＶ（高速鉄道）がいいですよ。
Eh bien, je vous recommande le T.G.V..
エ ビあン ジュ ヴ るコマンド ル テジェヴェ

Point フランスの T.G.V.(train à grande vitesse)「速い速度の電車」と日本の新幹線は、世界のトップをいく高速鉄道です。両方とも世界最高の速度「時速 300 km」を誇っています。ただ、駅の間隔の狭い日本では、300 km を出せるのは山陽新幹線の１ヶ所だけとなっています。駅の間隔が長く平地の多い T.G.V. が、ちょっとうらやましいですね。

UNIT 29
CD-29

■ 行き先の聞き方

この〜は…行きですか。

1	3	2
この電車は この地下鉄は この船は このバスは この飛行機は	パリ ロンドン アムステルダム ベルリン ローマ	行きですか。

語句を覚えよう！

train ♠ トらン	電車	Paris パり	パリ
métro ♠ メトロ	地下鉄	Londres ロンドる	ロンドン
bateau ♠ バトー	船	Amsterdam アムステるダム	アムステルダム
car ♠ キャーる	（長距離）バス	Berlin ベるラン	ベルリン
avion ♠ アヴィヨン	飛行機	Rome ろーム	ローマ

UNIT 29 — CD-29
Ce(cet) 〜 est à destination de …?

1

Ce train
ス　トラン
Ce métro
ス　メトロ
Ce bateau
ス　バトー
Ce car
ス　キャール
Cet avion
セッ　タヴィヨン

2

est à
エ　タ
destination
デスティナスィヨン

3

de Paris?
ドゥ　パリ
de Londres?
ドゥ　ロンドる
d'Amsterdam?
ダムステるダム
de Berlin?
ドゥ　べるラン
de Rome?
ドゥ　ローム

mini 会話

A：すみません。この地下鉄はデファンス行きですか。
Pardon, ce métro est à destination de La Défense?
パるドン　ス　メトロ　エ　タ　デスティナスィヨン　ドゥ　ラ　デファンス

B：いいえ、シャトー・ド・ヴァンセーヌ行きです。
Non, ce métro est à destination de Château de Vincennes.
ノン　ス　メトロ　エ　タ　デスティナスィヨン　ドゥ　シャトー　ドゥ　ヴァンセンヌ

Point　パリ市内の公共交通は、autobus「路線バス」と métro「地下鉄」です。地上を走る鉄道は、市内の6つのターミナル駅から遠距離路線が出ています。この6つの駅から出る鉄道は、それぞれフランス国内の異なる地域を行き先としています。ですから、パリを中継地とする時は、東京駅のようにホームを移動するのではなく、駅と駅の間を移動しなければなりません。

UNIT 30
CD-30

■ 値段を聞く
～はいくらですか。

1	3	2
1瓶は あのネクタイは 紙2枚で 3缶で 全部で	いくら	ですか。

語句を覚えよう！

une bouteille ♡ ゆヌ　ブテーイ	1瓶	cher/ère シェーる	高い
cette cravate ♡ セット　クらヴァット	あのネクタイ	bon marché ボン　マルシェ	安い
deux feuilles ♡ ドゥー　フーイ	2枚	plus プリゅ	もっと
trois canettes ♡ トロワ　キャネット	3缶	d'accord ダッコーる	OK
en tout アン　トゥー	全部で	je vais réfléchir ジュ ヴェ　れフレッシーる	ちょっと 考えます

UNIT 30 〜 , c'est combien? 〜 , ça fait combien?

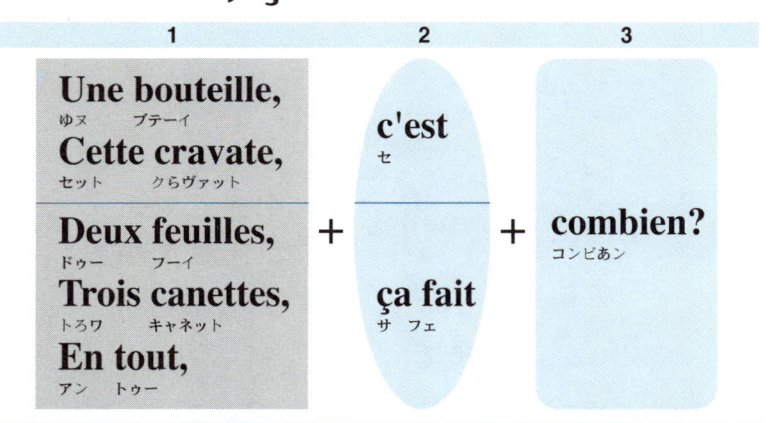

CD-30

1	2	3
Une bouteille, ゆヌ プテーイ **Cette cravate,** セット クらヴァット	**c'est** セ	
Deux feuilles, ドゥー フーイ **Trois canettes,** トロワ キャネット **En tout,** アン トゥー	**ça fait** サ フェ	**combien?** コンビあン

(1と2のあいだに +、2と3のあいだに +)

mini 会話

A：これはいくら？
　C'est combien?
　セ　　　コンビあン

B：200 ユーロです。
　C'est deux cents euros.
　セ　ドゥー　サン　ズーロ

A：高い！　値下げしてください。
　C'est trop cher!
　セ　トロ　シェーる
　Vous pouvez baisser le prix?
　ヴ　プヴェ　　　ベッセ　　ル　プリ

Point 一番簡単な言い方は、買いたい物がひとつであれば、それを指し示して C'est combien?「これはいくらですか」と聞くことです。買いたい物が２つ以上であれば、それらを指し示して Ça fait combien?「これでいくらになりますか」と聞きましょう。

75

UNIT 31　● 値段の交渉
CD-31　値引きしてくれませんか。

2	1
もっと 2個で 10% 半額に 現金払いで 20% 300 ユーロまで	値引きして くれませんか。

語句を覚えよう！

encore アンコーる	もっと	jusqu'à ～ ジュスカ	～まで
réduire de れデュイーる ドゥ dix pour cent ディ プーる サン	10%引きする	prix ◯ プリ	値段
pour deux プーる ドゥー	2個で	Vous pouvez ヴ プヴェ faire un prix? フェーる アン プリ	まけてくれ ませんか。
à moitié prix ア モワティエ プリ	半額に	Je n'ai pas ジュ ネ パ d'argent. ダるジャン	お金がない。
en liquide アン リキッド	現金払いで	Je ne le ジュ ヌ ル prends pas. プらン パ	いりません。

UNIT 31
CD-31
Vous pouvez réduire～?

1

Vous pouvez
ヴ　　　プヴェ
réduire
れデュイーる

+

2

encore?
アンコーる

de dix pour cent pour deux?
ドゥ　ディ　プーる　サン　プーる　ドゥー

à moitié prix?
ア　モワティエ　プリ

de vingt pour cent en liquide?
ドゥ　ヴァン　プーる　サン　アン　リキッド

jusqu'à trois cents euros?
ジュスカ　　トロワ　サン　　ズーろ

mini 会話

A：これはいくらですか。　C'est combien?
　　　　　　　　　　　　　セ　　コンビあん

B：300 ユーロです。　　C'est trois cents euros.
　　　　　　　　　　　セ　　トロワ　サン　　ズーろ

A：もし現金で支払ったら　Si je paie en liquide,
　　　　　　　　　　　　スィ ジュ ペ　　アン リキッド

　　まけてくれますか。　vous pouvez faire un prix?
　　　　　　　　　　　　ヴ　　プヴェ　　フェーる あン プリ

B：いいですよ。　　　　D'accord.
　　　　　　　　　　　ダッコーる

Point フランスには、公的機関が設定するセールの solde（ソルド）が、夏冬の年2回あります。solde の表示を掲げた店では、バーゲン用に仕入れた商品を置くことは許されず、普段陳列してある商品の値段をそのまま下げなければなりません。これに対し rabais（らべ）というセールは、何を売ってもよく、期間の限定もない普通のバーゲンです。

UNIT 32
CD-32

● 日時を聞く
何時に／いつ～しましょうか。

3	1	2	
何時に / いつ	私たちは	出発しま / 会いま / 帰って来ま	しょうか。
	お店は	オープン / クローズ	しますか。

語句を覚えよう！

on part オン パーる	出発しましょう	on rentre オン らントる au Japon オ ジャポン	日本に帰国しましょう
on se voit オン ス ヴォワ	会いましょう	on rend visite オン らン ヴィズィット	訪問しましょう
on rentre オン らントる	帰って来ましょう	on se lève オン ス レーヴ	起きましょう
le magasin ル マガザン ouvre ウーヴる	店が開く	on se couche オン ス クーシュ	寝ましょう
le magasin ル マガザン ferme フェるム	店が閉まる	on prend le オン プらン ル petit déjeuner プティ デジュネ	朝食をとりましょう

UNIT 32
CD-32

～ à quelle heure / quand?

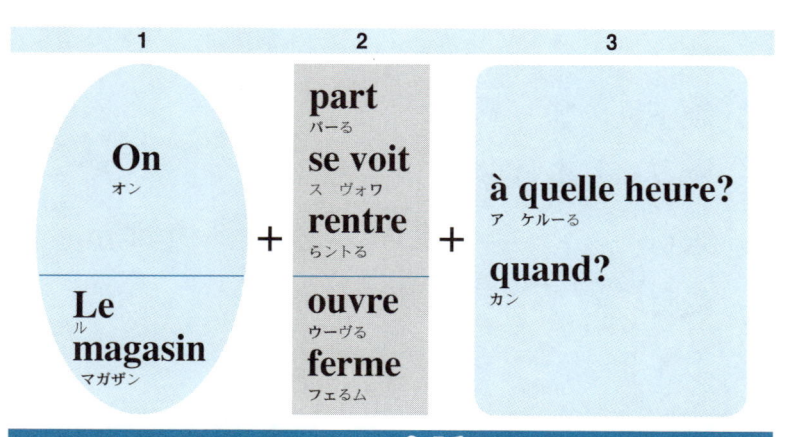

1	2	3
On オン **Le magasin** ル マガザン	**part** パーる **se voit** ス ヴォワ **rentre** らントる **ouvre** ウーヴる **ferme** フェるム	**à quelle heure?** ア ケルーる **quand?** カン

mini 会話

A：何時にここで会いましょうか。
B：明日の午後 3 時でいかがでしょう。

On se voit ici à quelle heure?
オン ス ヴォワ イスィ ア ケルーる
Demain à trois heures de l'après-midi?
ドゥマン ア トろワ ズーる ドゥ ラプれ ミディ

A：お店はいつ閉店ですか。
B：7 時です。

Le magasin ferme à quelle heure?
ル マガザン フェるム ア ケルーる
Il ferme à sept heures.
イル フェるム ア セットゥーる

Point 「私たち」に相当する単語は、フランス語に on と nous の 2 つがあります。厳密な意味での一人称複数の主語は、nous です。これに対し、on は「人々」または「私たち」というより広い意味を持っています。最近では活用形が簡単なことから、on が会話で使われることが多くなってきました。

UNIT 33 CD-33
■ 場所を聞く
〜はどこですか。

3		1	2
地下鉄の駅 タクシー乗り場 入口 受付 トイレ	は	どこ	ですか。

語句を覚えよう！

station スタスィヨン	地下鉄の駅	guichet ギシェ	切符売場
station de taxi スタスィヨン　ドゥ　タクスィ	タクシー 乗り場	porte ポルト d'embarquement ダンバルクマン	搭乗ゲート
entrée アントれ	入口	arrêt d'autobus アれ　　　ドトビュス	バス停
réception れセプスィヨン	受付	sortie ソルティ	出口
toilettes (複) トワレット	トイレ	bureau ビュロー 　　de change 　　ドゥ　シャンジュ	両替所

◆ (複)は複数形を表します。

UNIT 33
CD-33

Où est / sont ～ ?

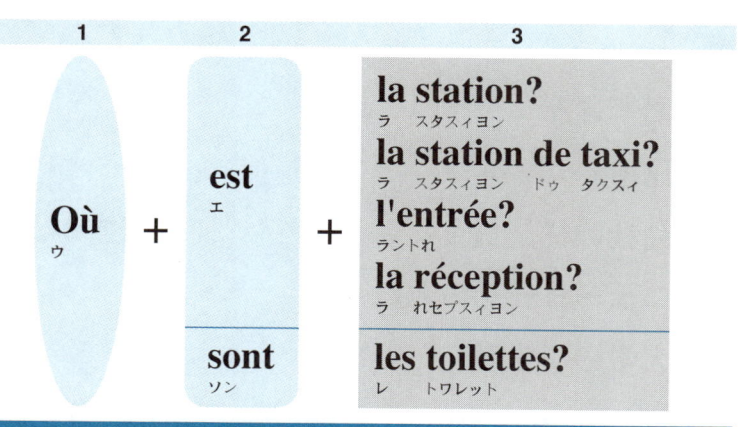

1	2	3

Où
ウ

\+

est
エ

sont
ソン

\+

la station?
ラ スタスィヨン
la station de taxi?
ラ スタスィヨン ドゥ タクスィ
l'entrée?
ラントれ
la réception?
ラ れセプスィヨン
les toilettes?
レ トワレット

mini 会話

A：すみません。トイレはどこですか。

Pardon, où sont les toilettes?
パるドン　ウ　ソン　レ　トワレット

B：あちらです。

C'est là-bas.
セ　ラバ

A：ありがとう。

Merci.
メるスィ

Point　toilette(s) という単語に関しては、単数形と複数形の区別をきちんとつけておきましょう。単数形の toilette は、顔を洗ったり、ひげをそったり、お化粧したりする「身づくろい」を意味します。オー・ド・トワレという外来語にそれが表れていますね。複数形の toilettes は…要するに「トイレ」です。

UNIT 34
CD-34

■ 人数を聞く
〜は何人ですか。

3	1+2
お子さん 兄弟 会社の従業員 ニューヨークの人口 大学の学生数 　は	何人ですか。

語句を覚えよう！

enfant ♠♡ アンファン	子ども	sœur ♡ スール	姉妹
frère ♠ フレール	兄弟	salarié/e サラリエ	サラリーマン
employé/e アンプロワイエ	従業員	fonctionnaire ♠♡ フォンクスィヨネール	公務員
habitant/e アビタン/ト	居住者	homme ♠ オム	男性
étudiant/e エテュディアン/ト	学生	femme ♡ ファム	女性

UNIT 34
CD-34

Vous avez / Il y a combien de ～?

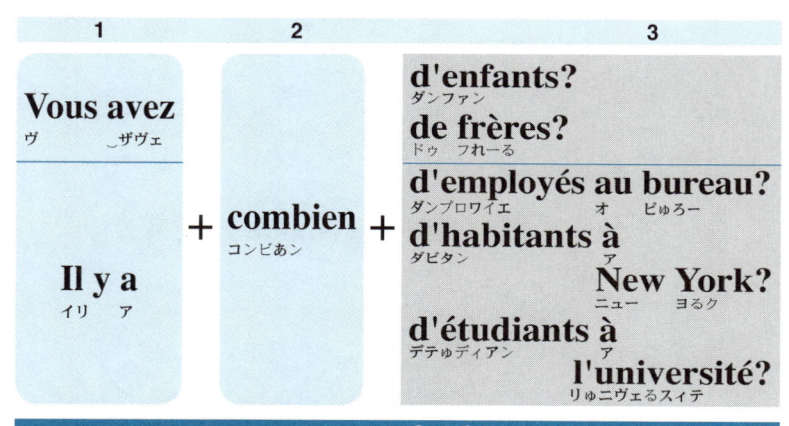

1	2	3
Vous avez ヴ ザヴェ	**+ combien +** コンビあん	**d'enfants?** ダンファン **de frères?** ドゥ フれーる **d'employés au bureau?** ダンプロワイエ オ ビゅろー **d'habitants à** ダビタン ア **New York?** ニュー ヨるク **d'étudiants à** デテゅディアン ア **l'université?** りゅニヴェるスィテ
Il y a イリ ア		

mini 会話

A：御家族は何人ですか。

Vous êtes combien dans votre
ヴ ゼット コンビあン ダン ヴォトる
famille?
ファミーユ

B：5人です。夫と子供3人と私です。

On est cinq. Mon mari, mes
オン ネ サンク モン マリ メ
trois enfants et moi-même.
トろワ ザンファン エ モワ メーム

Point 数を聞く時は Combien de ～?「いくつ（何人）の～?」を使います。子どもや兄弟の人数の場合は、Vous avez (= you have) combien de ～? となります。従業員数や学生数の場合は、Il y a (= there are) combien de ～? となります。家族の人数の場合は、Vous êtes (= you are) combien dans votre famille (= in your family)? です。

UNIT 35 CD-35
■ 年齢を聞く
〜は何歳ですか。

1	3	2
あなた / お子さん / お孫さん（男性） / お孫さん（女性） / お父さん は	何歳	ですか。

語句を覚えよう！

vous ウ	あなた	mère メール	母
enfant アンファン	子ども	grand-père グラン ペール	祖父
petit-fils プティ フィス	男の孫	grand-mère グラン メール	祖母
petite-fille プティット フィーユ	女の孫	fils フィス	息子
père ペール	父	fille フィーユ	娘

UNIT 35 ～ quel âge?

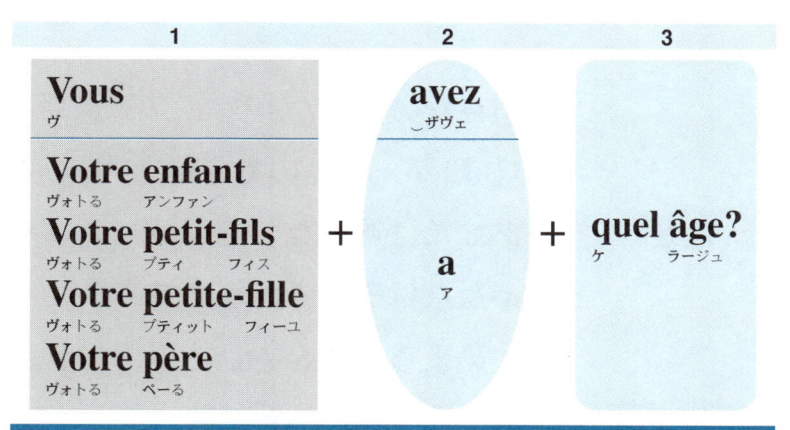

1	2	3
Vous ヴ	**avez** ザヴェ	
Votre enfant ヴォトる アンファン		**quel âge?** ケ ラージュ
Votre petit-fils ヴォトる プティ フィス	+ **a** ア +	
Votre petite-fille ヴォトる プティット フィーユ		
Votre père ヴォトる ペーる		

mini 会話

A：お子さんは何人ですか。
Vous avez combien d'enfants?
ヴ ザヴェ コンビあン ダンファン

B：2人です。
Deux.
ドゥー

息子は5歳で、娘は7歳です。
Mon fils a cinq ans, et ma fille a sept ans.
モン フィスア カン エ マ フィーユ ア セッ タン

Point 英語で年齢を聞く時は、How old are you? のように be 動詞を使いますが、フランス語では avoir (= have) を用います。答える時も avoir を主語にあわせて活用させて、J'ai trente ans.「私は30歳です」というように言います。英語では I'm 30 years old. の years old は省略できますが、フランス語では ans は省けません。

UNIT 36
■ 理由を聞く
なぜ～ですか。

| なぜ | 誤りなのですか。
（値段が）高いのですか。
あなたは遅れたのですか。
あなたはそう考えるのですか。
このようなことをしたのですか。 |

語句を覚えよう！

faute ♥ フォート	誤り	vous dites ヴ ディット 　　comme ça 　　コム　サ	あなたは 　そう言う
cher/ère シェーる	（値段が）高い	vous riez ヴ　りエ	あなたは 　　笑う
vous êtes ヴ　ゼット 　en retard 　アン るターる	あなたは 　遅れる	vous refusez ヴ　るフゅゼ	あなたは 　　断る
vous pensez ヴ　パンセ 　comme ça 　コム　サ	あなたは 　そう考える	vous êtes ヴ　ゼット 　en colère 　アン コレーる	あなたは 　怒っている
vous avez ヴ　ザヴェ 　fait ça 　フェ　サ	あなたは 　それをした	vous cachez ヴ　キャシェ	あなたは 　　隠す

UNIT 36 Pourquoi est-ce que 〜 ?

1	2	3

Pourquoi + **est-ce que** +
- c'est une faute?
- c'est cher?
- vous êtes en retard?
- vous pensez comme ça?
- vous avez fait ça?

mini 会話

A：このグラスは100ユーロです。　Ce verre, c'est cent euros.
B：なぜ、そんなに高いのですか。　Pourquoi est-ce que c'est si cher?
A：輸入品だからです。　Parce que c'est un verre importé.

Point フランス人にとって「謝る」ということは「責任を認めて弁償する」ということを意味します。ですから、道でぶつかった時などはすぐにPardon.と謝りますが、弁償がかかってくる時は絶対に謝りません。例えば旅行会社が間違ったチケットを予約してしまった場合でも謝らないこともあります。文化の違いと割り切り、望みの物を手にするまで交渉を続けましょう。

UNIT 37　●程度を聞く（1）
CD-37
〜の…はどのくらいですか。

4	3	1+2
あのスーツケース / あの建物 / あの風呂 / あの電車 / あなた の	重さ / 高さ / 温度 / 速さ / 背 は	どのくらいですか。

語句を覚えよう！

poids ♠ ポワ	重さ	valise ♥ ヴァリーズ	スーツケース
hauteur ♥ オトゥーる	高さ	bâtiment ♠ バティマン	建物
température ♥ タンペらテゅーる	温度	bain ♠ バン	風呂
vitesse ♥ ヴィテス	速さ	train ♠ トらン	電車
vous mesurez 〜 ヴ　ムズゅれ	あなたの背は〜だ	combien コンビあン	どのくらい

UNIT 37 CD-37 Quel / Quelle est … de ～ ?

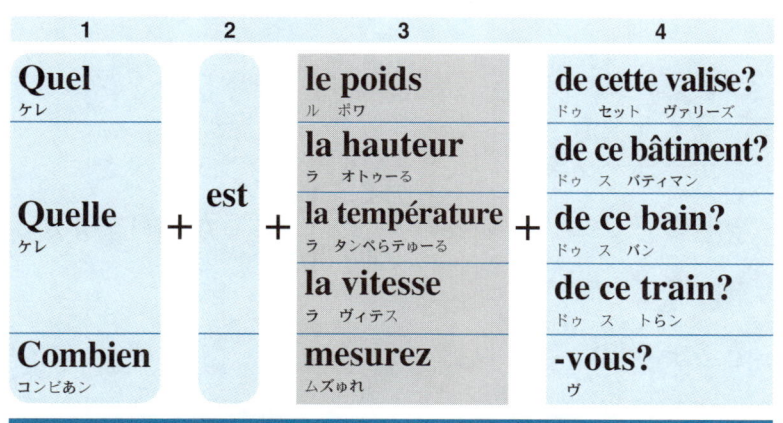

1	2	3	4
Quel ケレ	+ **est** +	**le poids** ル ポワ	**de cette valise?** ドゥ セット ヴァリーズ
		la hauteur ラ オトゥール	**de ce bâtiment?** ドゥ ス バティマン
Quelle ケレ		**la température** ラ タンペらテゅール	**de ce bain?** ドゥ ス バン
		la vitesse ラ ヴィテス	**de ce train?** ドゥ ス トラン
Combien コンビあン		**mesurez** ムズゅれ	**-vous?** ヴ

mini 会話

A：エッフェル塔の高さはどのくらいですか。
Quelle est la hauteur de la tour Eiffel?
ケレ　ラ　オトゥール　ドゥ ラ トゥール
エッフェル

B：324 m です。
C'est trois cent vingt-quatre mètres.
セ　トろワ　サン　ヴァント キャトる
メートる

A：東京タワーより低いですね。
Elle est moins haute que la tour de Tokyo.
エレ　モワン　オート　ク　ラ トゥール
ドゥ トキヨ

Point パリの象徴とも言える la tour Eiffel「エッフェル塔」は、1889年（明治22年）に G. エッフェル氏がつくったもので、324 m の高さです。1958年（昭和33年）につくられた 333 m の la tour de Tokyo「東京タワー」といい勝負です。当初エッフェル塔は、万博が終わりしだい取り壊される予定でしたが、無線・ラジオなどの通信の拠点として生き残ることができたのです。

UNIT 38　CD-38
■程度を聞く（２）
どのくらい（時間が）かかりますか。

3	2	1
ここから ニューヨークまで 空港まで 飛行機で そこまで歩いて	どのくらい の時間が	かかりますか。

語句を覚えよう！

d'ici ディスィ	ここから	à pied ア ピエ	歩いて
jusqu'à 〜 ジュスカ	〜まで	une heure ゆヌーる	1時間
aéroport ♠ アエロポーる	空港	une demi-journée ゆヌ ドゥミ ジュるネ	半日
en avion アン‿ナヴィヨン	飛行機で	toute la journée トゥート ラ ジュるネ	丸1日
jusque-là ジュスク ラ	そこまで	quelques minutes ケルク　ミニュット	数分

UNIT 38　Il faut combien de temps?

1	2	3
Il faut	combien de temps	d'ici? jusqu'à New York? jusqu'à l'aéroport? en avion? jusque-là à pied?

mini 会話

A：東京からパリまでどのくらい時間がかかりますか。
Il faut combien de temps de Tokyo à Paris?

B：12 時間半です。
Douze heures et demie.

A：じゃあ、エコノミー症候群に注意してください。
Alors, attention au syndrome de la classe économique.

Point 世界最大の飛行機は、ジャンボジェットと呼ばれるボーイング747です。このB747を上まわる大きさの飛行機が、現在、フランスを含むヨーロッパ数ヶ国でつくるエアバス社によって計画されています。名前はエアバス380で、機内にはカジノやジムを入れる計画もあります。実現すれば le syndrome de la classe économique「エコノミー症候群」も怖くありませんね。

UNIT 39 CD-39
●相手に尋ねる
あなたの〜は何ですか。

2	3		1
あなたの	趣味 名前 電話番号 住所 専攻	は	何ですか。

語句を覚えよう！

votre ヴォトる	あなたの	spécialité ♡ スペスィアリテ	専攻
passe-temps ♠ パス　　タン	趣味	numéro ♠ ニュメロ 　　de fax 　　ドゥ ファクス	ファックス番号
nom ♠ ノン	名前	adresse ♡ アドレス 　　de mail 　　ドゥ メル	Eメールアドレス
numéro ♠ ニュメロ 　　de téléphone 　　ドゥ テレフォンヌ	電話番号	numéro ♠ ニュメロ 　　de portable 　　ドゥ ポるターブル	携帯電話番号
adresse ♡ アドレス	住所	plat ♠ du jour プラ　　デュ ジューる	今日のお勧め

UNIT 39　Quel / Quelle est votre ～?

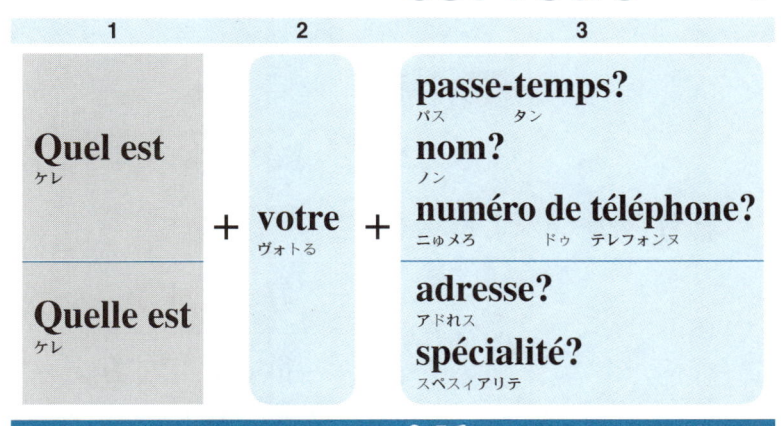

CD-39

1	2	3
Quel est ケレ	**+ votre +** ヴォトる	**passe-temps?** パス　タン **nom?** ノン **numéro de téléphone?** ニュメろ　ドゥ　テレフォンヌ
Quelle est ケレ		**adresse?** アドれス **spécialité?** スペスィアリテ

mini 会話

A：趣味は何ですか。
Quel est votre passe-temps?
ケレ　ヴォートる　パス　タン

B：スポーツです。サッカーが大好きです。
C'est le sport. J'aime beaucoup le football.
セ　ル　スポーる　ジェム　ボクー　ル　フットボル

A：私は、映画と旅行が好きです。
Moi, j'aime le cinéma et les voyages.
モワ　ジェム　ル　スィネマ　エ　レ　ヴォワイヤージュ

Point　「～は何ですか」と尋ねる時は、Quel / Quelle est ～? という構文を使います。ただし、「これ（あれ）は何ですか」と聞く時は、Qu'est-ce que c'est? という決まった表現を使います。どちらの場合も、C'est ～ . を使って「それは～です」と答えます。

UNIT 40
CD-40

● 比較の質問
どちらが〜ですか。

1	3	2
どちらが	より便利 より寒い よりよい	ですか。
	あなたは	好きですか。 欲しいですか。

語句を覚えよう！

plus 〜 プリュ	より〜な	voulez-vous? ヴレ ヴ	あなたは 欲しい？
pratique プラティック	便利な	prenez-vous? プるネ ヴ	あなたは 買う？
froid/e フロワ/ッド	寒い	intéressant/e アンテれッサン/ト	おもしろい
meilleur メイユーる	よりよい	bon marché ボン マるシェ	安い
préférez-vous? プれフェれ ヴ	あなたは 好き？	n'importe lequel ナンポるト ルケル	どちらでもよい

UNIT 40
CD-40

Lequel ～?

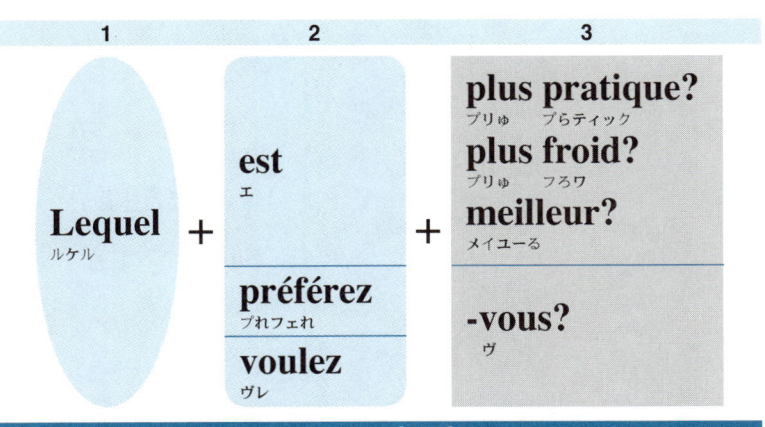

1	2	3
Lequel ルケル	**est** エ	**plus pratique?** プリュ プラティック **plus froid?** プリュ フロワ **meilleur?** メイユーる
	préférez プれフェれ **voulez** ヴレ	**-vous?** ヴ

mini 会話

A：どちらをお買い求めですか。 Lequel prenez-vous?
　　　　　　　　　　　　　　　ルケル　　プるネ　　ヴ
B：これをください。 Ça, s'il vous plaît.
　　　　　　　　　　サ　スィルヴ　プレ

A：赤ワインと白ワインでは、 Entre le vin rouge et le vin
　　　　　　　　　　　　　　アントる　ル　ヴァン　るージュ　エ　ル　ヴァン
　　どちらがお好きですか。 blanc, lequel préférez-vous?
　　　　　　　　　　　　　　ブラン　ルケル　プれフェれ　ヴ
B：赤ワインが好きです。 Je préfère le vin rouge.
　　　　　　　　　　　　ジュ　プれフェーる　ル　ヴァン　るージュ

Point 英語の which one にあたる単語には、lequel と laquelle があります。選んでいるものが vin「ワイン」のような男性名詞の場合は、男性名詞用の lequel を用いて質問します。これに対し、選んでいるものが carte postale「絵葉書」のような女性名詞の場合は、女性名詞用の laquelle を使って質問します。

UNIT 41 CD-41
■ 種類の好みを聞く
どの～が好きですか。

1	2		3
どの	服 スポーツ 料理 色 飲み物	が	(あなたは) 好きですか。

語句を覚えよう！

vêtement ♠ ヴェットマン	服	rouge るージュ	赤い
sport ♠ スポーる	スポーツ	noir/e ノワーる	黒い
plat ♠ プラ	料理	bleu/e ブルー	青い
couleur ♡ クルーる	色	vert/e ヴェーる / ト	緑の
boisson ♡ ボワッソン	飲み物	blanc/che ブラン / シュ	白い

UNIT 41　Quel / Quelle ～ préférez-vous?

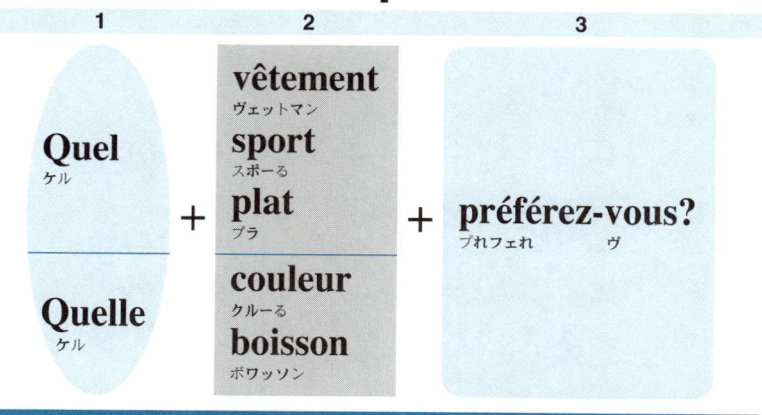

CD-41

1	2	3
Quel ケル	**vêtement** ヴェットマン **sport** スポーる **plat** プラ	**préférez-vous?** プレフェれ　ヴ
Quelle ケル	**couleur** クルーる **boisson** ボワッソン	

mini 会話

A：どんな服が好きですか。　　Quel vêtement préférez-vous?
　　　　　　　　　　　　　　　ケル　ヴェットマン　プレフェれ　ヴ

B：白色でシンプルなＴシャ　　Je préfère les T-shirts blancs et
　　　　　　　　　　　　　　　ジュ　プレフェーる　レ　ティシュると　ブラン　エ
　　ツが好きです。　　　　　　simples.
　　　　　　　　　　　　　　　サンプル

A：私もです。　　　　　　　　Moi aussi.
　　　　　　　　　　　　　　　モワ　オスィ

Point　「どの〜が好き？」と聞く時、quel と quelle を使いわける必要があります。男性名詞の vêtement「服」について聞く場合は、quel を使います。そして、女性名詞の couleur「色」について聞く場合は、quelle を使って質問します。ただし quel と quelle はつづりは異なりますが、発音は同一ですので会話中は気にしないで大丈夫です。

UNIT 42 CD-42
■ どうだったか聞く時の表現
〜はいかがでしたか／いかがですか。

1	2
旅行 / 昼食 / 市内観光　は	いかがでしたか。
お仕事の方 / お勉強の方	いかがですか。

語句を覚えよう！

voyage ♠ ヴォワイヤージュ	旅行	vos （名詞が複数の時） ヴォ	あなたの
déjeuner ♠ デジュネ	昼食	études ♥(複) エテュッド	勉強
visite ♥ ヴィズィット 　　de la ville 　　ドゥ ラ ヴィル	市内観光	vacances ♥(複) ヴァカンス	休暇
votre ヴォトる	あなたの	golf ♠ ゴルフ	ゴルフ
travail ♠ トらヴァーイ	仕事	réunion ♥ れゆニヨン	会合

UNIT 42
～, ça s'est bien passé ?
～, ça marche bien?

1

Le voyage,
ル ヴォワイヤージュ
Le déjeuner,
ル デジュネ
La visite de la ville,
ラ ヴィズィット ドゥ ラ ヴィル

Votre travail,
ヴォトる トらヴァーイ
Vos études,
ヴォ ゼテュッド

+

2

ça s'est bien passé?
サ セ ビあン パッセ

ça marche bien?
サ マるシュ ビあン

mini 会話

A：お仕事はいかがですか。 Votre travail, ça marche bien?
　　　　　　　　　　　　　ヴォトる トらヴァーイ サ マるシュ ビあン
B：ええ、うまくいっています。 Oui, ça marche bien.
　　　　　　　　　　　　　ウィ サ マるシュ ビあン
A：それで会合はいかがでしたか。 Et la réunion, ça s'est bien
　　　　　　　　　　　　　エ ラ れゆニヨン サ セ ビあン
　　　　　　　　　　　　　passé?
　　　　　　　　　　　　　パッセ
B：まあまあです。 Comme ci comme ça.
　　　　　　　　　コム スィ コム サ

Point Ça s'est bien passé? は決まり文句で、「うまくいきましたか」「楽しく過ごせましたか」という意味です。旅行や休暇などについて聞く時は、大体この表現を使います。Ça marche bien? も決まり文句で、「うまくいっていますか」という意味です。この他、挨拶の時の「調子はどうですか」という質問には、Ça va? という決まり文句があります。

UNIT 43
CD-43

■ 依頼する時
(あなたは)～してくださいますか。

1	3	2
(あなたは)	写真を撮って ここを押して このかばんを持って ちょっと待って もっとゆっくり話して	くださいますか。

語句を覚えよう！

prendre プらンドる　une photo 　　　ゆヌ　フォト	写真を撮る	tirer ティれ	引っぱる
appuyer ici アピュイエ　イスィ	ここを押す	pousser プセ	押す
porter ce sac ポるテ　ス　サック	このかばんを持つ	fermer la fenêtre フェるメ　ラ　フネートる	窓を閉める
attendre アタンドる	待つ	ouvrir la porte ウヴりーる　ラ　ポるト	ドアを開ける
parler lentement パるレ　　　　ラントマン	ゆっくり話す	répéter れペテ	もう一度言う

100

UNIT 43 — CD-43

Vous pouvez 〜 ?

1 Vous (ヴ)
\+
2 pouvez (ブヴェ)
\+
3
prendre une photo?
 プらンドる　ゆヌ　フォト
appuyer ici?
 アピゅイエ　イスィ
porter ce sac?
 ポるテ　ス　サック
attendre un peu?
 アタンドる　あン　プー
parler plus lentement?
 パるレ　プリゅ　ラントマン

mini 会話

A：すみません、私たちの写真を撮ってくださいますか。
Pardon, vous pouvez nous prendre en photo?
 パるドン　ヴ　ブヴェ　ヌ　プらンドる　アン　フォト

B：どこを押すのですか。
J'appuie où ?
 ジャピゅイ　ウ

A：ここを押してくださいますか。
Vous pouvez appuyer ici?
 ヴ　ブヴェ　アピゅイエ　イスィ

Point 言葉で直接頼まれなくても、日本人が注意したいのはドアの開け閉めです。一緒に女性がいる時は、ドアを開けた上で女性を先に通しましょう。女性は、お礼が言いたければ、軽く Merci.（メルスィ）と言います。「どういたしまして」は Je vous en prie.（ジュ　ヴ_ザン プリ）です。

UNIT 44
CD-44

■ 何かをする必要がある時の表現

私は〜しなければなりません。

1	4	3	2
私は	7時20分にそこへ	行か	なければなりません。
	5時前に空港へ	着か	
	すぐに	出発し	
	次のバスに	乗ら	
	明日日本に	帰ら	

語句を覚えよう！

à sept heures vingt ア セットゥーる ヴァン	7時20分に	après-demain アプれ ドゥマン	あさって
avant cinq heures アヴァン サンクーる	5時前に	hier イエーる	昨日
tout de suite トゥー ドゥ スゅイット	すぐに	cette semaine セット スメンヌ	今週
demain ドゥマン	明日	la semaine prochaine ラ スメンヌ プロシェンヌ	来週
aujourd'hui オジュるデュイ	今日	l'année prochaine ラネ プロシェンヌ	来年

UNIT 44
CD-44

Je dois 〜．

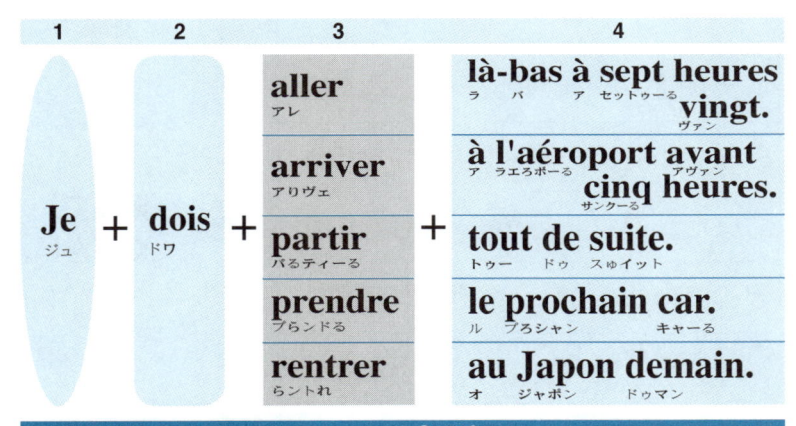

1	2	3	4
Je ジュ	dois ドワ	aller アレ	là-bas à sept heures vingt. ラ バ ア セットゥーる ヴァン
		arriver アリヴェ	à l'aéroport avant cinq heures. ア ラエろポーる アヴァン サンクーる
		partir パるティーる	tout de suite. トゥー ドゥ スュイット
		prendre プらンドる	le prochain car. ル プろシャン キャーる
		rentrer らントれ	au Japon demain. オ ジャポン ドゥマン

mini 会話

A：5 時にそこへ行かなければなりません。
Je dois aller là-bas à cinq heures.
ジュ ドワ アレ ラ バ ア サンクーる

B：なぜですか？
Pourquoi?
プるコワ

A：社長に会わなければならないのです。
Je dois rencontrer le P.-D.G..
ジュ ドワ らンコントれ ル ペデジェ

Point 最近の日本では、grève「交通スト」はめったに行われません。ところが、フランスは労働者の権利を主張する国ですから、交通ストはしょっちゅう起きます。駅に行ったら電車がストップしていた、空港に行ったら飛行機がとまっていた、なんてことがあることを覚悟しておきましょう。余談ですが、ごみ収集のストもたまにあるんですよ。

UNIT 45
CD-45
■ 教えて欲しい時の表現
〜を教えてください。

3	2	1
ホテルは	どこなのか	
あなたが着くのが	いつなのか	
あなたが遅れたのが	なぜなのか	を 教えてください。
そこにいるのが	誰なのか	
これをフランス語で言うと	どうなるのか	

語句を覚えよう！

hôtel オテル	ホテル	pourquoi プるコワ	なぜ
où ウ	どこ	est （三人称単数形） エ　（原形は être）	いる
vous arrivez ヴ　ザりヴェ	あなたが着く	qui キ	誰
quand カン	いつ	on dit オン ディ	人々が言う
vous êtes en retard ヴ　ゼット　アン るターる	あなたが遅れる	comment コマン	どのように

104

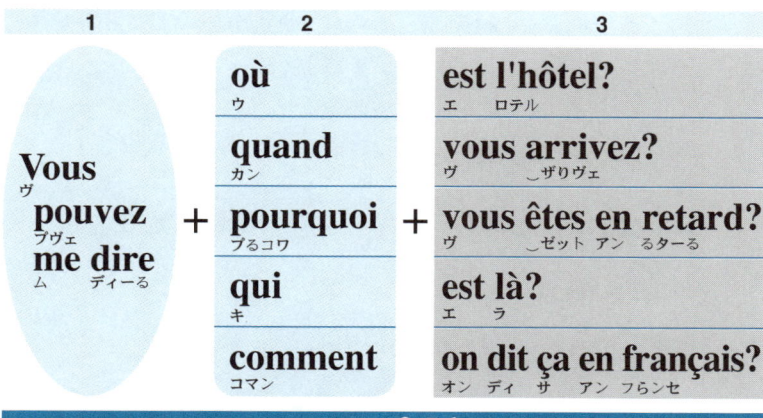

UNIT 45 Vous pouvez me dire 〜 ?

1	2	3
Vous pouvez me dire ヴ プヴェ ム ディーる	**où** ウ	**est l'hôtel?** エ ロテル
	quand カン	**vous arrivez?** ヴ ザリヴェ
	pourquoi プるコワ	**vous êtes en retard?** ヴ ゼット アン るターる
	qui キ	**est là?** エ ラ
	comment コマン	**on dit ça en français?** オン ディ サ アン フランセ

mini 会話

A：ホテルはどこなのかを教えてください。
Vous pouvez me dire où est l'hôtel?
ヴ プヴェ ム ディーる ウ エ ロテル

B：この道をまっすぐ行って、右側です。
Vous allez tout droit, c'est sur votre droite.
ヴ ザレ トゥー ドロワ セ スゅーる ヴォトる ドロワット

Point Vous pouvez me dire 〜 ? は、UNIT 43 の Vous pouvez 〜 ?「〜してくださいますか」の応用です。英語で言えば、vous pouvez は you can、me dire は tell me という意味です。全文を言うのが難しければ、Vous pouvez me dire où ?「どこだか教えてください」とか、Vous pouvez me dire quand?「いつだか教えてください」のように、疑問詞だけ残して言っても通じます。

UNIT 46
CD-46

■ 提案の表現
〜しましょう。

2	1
食事し コーヒーを飲み 一緒に出掛け ショッピングをし ちょっとおしゃべりし	ましょう。

語句を覚えよう！

manger マンジェ	食事する	aller au karaoké アレ オ カラオケ	カラオケに行く
prendre un café プらンドる アン キャフェ	コーヒーを飲む	prendre un pot プらンドる アン ポ	飲みに行く
sortir ensemble ソるティーる アンサンブル	一緒に出掛ける	travailler ensemble トらヴァイエ アンサンブル	一緒に勉強する
faire les magasins フェーる レ マガザン	ショッピングをする	rentrer au Japon らントれ オ ジャポン	日本に帰る
bavarder un peu バヴァるデ アン プー	ちょっとおしゃべりする	quelque chose de léger ケルク ショーズ ドゥ レジェ	何か軽い物（食べ物）

UNIT 46 On va 〜 ?
CD-46

On va オン ヴァ +

manger? マンジェ
prendre un café? プらンドる   あン   キャフェ
sortir ensemble? ソるティーる アンサンブル
faire les magasins? フェーる レ マガザン
bavarder un peu? バヴァるデ   あン   プー

mini 会話

A：食事に行きましょう。
On va manger?
オン ヴァ マンジェ

B：何を食べましょうか。
Qu'est-ce qu'on va manger?
ケ ス コン ヴァ マンジェ

A：フライドポテト添えステーキはどう？
Un steak frites?
あン ステック フリット

B：いいえ、もっと軽いものにしましょう。
Non, on va manger quelque chose de plus léger.
ノン オン ヴァ マンジェ ケルク ショーズ ドゥ プリュ レジェ

Point UNIT 32 で解説した on をまた使います（on には「私たち」という意味がありました）。この on に、aller「行く」という動詞の活用形をつなげた on va 〜? という構文が、「一緒に〜しましょう」という意味になります。〜の部分には、動詞の原形を入れます。

UNIT 47
CD-47

■ 方法の尋ね方

どうやって〜するのですか。

1	3	2
どうやって	電話ボックスから電話する ラファイエットホテルへ行く タクシーを拾う 自動販売機で買う 座席を予約する	のですか。

語句を覚えよう！

téléphoner d'une cabine テレフォネ デュヌ キャビンヌ	電話ボックスから電話する	économiser de l'argent エコノミゼ ドゥ ラるジャン	お金を節約する
aller à l'hôtel アレ ア ロテル	ホテルへ行く	demander ドゥマンデ	申し込む
prendre un taxi プらンドる アン タクスィ	タクシーを拾う	commander コマンデ	注文する
acheter au distributeur アシュテ オ ディストりビュトゥーる	自動販売機で買う	acheter un billet アシュテ アン ビエ	切符を買う
réserver une place れぜるヴェ ゆヌ プラス	座席を予約する	contacter コンタクテ	連絡をとる

UNIT 47
CD-47

Comment est-ce qu'on peut ～ ?

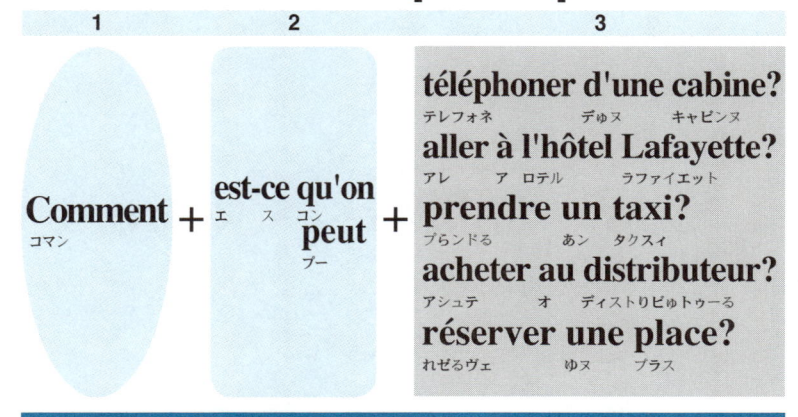

1 Comment
コマン

+

2 est-ce qu'on peut
エ ス コン ブー

+

3
téléphoner d'une cabine?
テレフォネ デュヌ キャビンヌ
aller à l'hôtel Lafayette?
アレ ア ロテル ラファイエット
prendre un taxi?
プランドる アン タクスィ
acheter au distributeur?
アシュテ オ ディストリビュトゥーる
réserver une place?
れぜるヴェ ゆヌ プラス

mini 会話

A：どうやって電話ボックスから電話するのですか。
Comment est-ce qu'on peut téléphoner d'une cabine?
コマン エ ス コン ブー テレフォネ デュヌ キャビンヌ

B：たばこ屋でテレホンカードを買ってください。
Vous achetez une télécarte au bureau de tabac.
ヴ ザシュテ ゆヌ テレキャるト オ ビュろー ドゥ タバ

Point 文に est-ce que が入っていたら、それは疑問文です。日本語の「〜ですか」と同じと考えてください。主語の on は、ここでは「私たち」ではなく、漠然とした「人々」を表します。動詞 peut は、英語の can にあたる pouvoir の活用形です。comment は疑問詞で、英語の how にあたります。

UNIT 48
CD-48

■ 依頼・何かを勧める時の表現
どうぞ〜してください。

3	2	1
どうぞ	急いで ここで止まって 空港へ行って お休み リラックスして	ください。

語句を覚えよう！

vous dépêcher ヴ　　デペシェ	急ぐ	faire un フェーる あン paquet-cadeau パケ　　　カドー	プレゼント 用に包む
arrêter ici アれテ　　イスィ	ここで止まる	appeler une アプレ　　ゆヌ ambulance アンビュランス	救急車を 呼ぶ
aller アレ 　à l'aéroport 　ア ラエろポーる	空港へ行く	aider エデ	助ける
vous reposer ヴ　　るポゼ	休む	garder ギャるデ 　la monnaie 　ラ　モネ	お釣りを とっておく
vous relaxer ヴ　　るラクセ	リラックス する	entrer アントれ	入る

UNIT 48
CD-48

Vous pouvez 〜 , s'il vous plaît?
Vous pouvez 〜 , je vous en prie.

1	2	3
Vous pouvez (ヴ プヴェ)	**vous dépêcher,** (ヴ デペシェ) **arrêter ici,** (アレテ イスィ) **aller à l'aéroport,** (アレ ア ラエロポーる)	**s'il vous plaît?** (スィル ヴ プレ)
	vous reposer, (ヴ るポゼ) **vous relaxer,** (ヴ るラクセ)	**je vous en prie.** (ジュ ヴ ザン プリ)

mini 会話

A：時間がありません。
　　どうぞ急いでください。

On n'a pas de temps.
オン ナ パ ドゥ タン
Vous pouvez vous dépêcher,
ヴ プヴェ ヴ デペシェ
s'il vous plaît?
スィル ヴ プレ

B：わかりました。すぐに空港へ行きましょう。

D'accord. On va à
ダッコーる　オン ヴァ ア
l'aéroport tout de suite.
ラエロポーる　トゥー ドゥ スュイット

> **Point** s'il vous plaît と je vous en prie は、どちらも日本語に訳すと「どうぞ」になってしまいますが、フランス語では区別して使います。s'il vous plaît は、こちらから何かやって欲しいことを頼む時に、一方 je vous en prie は、相手のためを思って何かを勧める時に使います。

UNIT 49
CD-49

■ タクシーの中で
私は〜で降ります。

1	3		2
私は	ここ 次の信号 次の交差点 角のところ あそこ	で	降ります。

語句を覚えよう！

ici イスィ	ここで	là-bas ラ バ	あそこで
prochain/e プロシャン/シェンヌ	次の	prendre une mauvaise rue プらンドる ゆヌ モヴェーズ りゅ	間違った道を行く
au feu オ フー	信号で	embouteillage ♤ アンブテイヤージュ	交通渋滞
au carrefour オ キャるフーる	交差点で	faire un détour フェーる アン デトゥーる	迂回する
au coin オ コワン	角のところで	accident ♤ アクスィダン de voiture ドゥ ヴォワテゅーる	交通事故

UNIT 49　Je descends 〜．

Je ＋ **descends** ＋ **ici.**
　　　　　　　　　　　 au prochain feu.
　　　　　　　　　　　 au prochain carrefour.
　　　　　　　　　　　 au coin.
　　　　　　　　　　　 là-bas.

mini 会話

A：ここで降ります。　　　　Je descends ici.

　　いくらですか。　　　　　C'est combien?

B：はい、20 ユーロです。　　Oui, c'est vingt euros.

A：お釣りはとっておいてください。　Vous pouvez garder la monnaie.

Point　フランス人の運転マナーの悪さは、世界的に有名です。例えば混んでいる時に、反対車線を逆走することもあります。また路上駐車している所から車を出す時に、自分の車のバンパーで前後の車を押し、車を出すのに必要なスペースをつくってから出て行くこともあります。"郷に入れば郷に従え"（À Rome, il faut vivre comme à Rome.）とは言うけれど、これはやめた方がいいかもしれません。

UNIT 50　目的地を探す
CD-50

私は〜を探しています。

1	3		2
私は	カフェ 自分の部屋 警察署 スーパー 観光案内所	を	探しています。

語句を覚えよう！

café ♠ キャフェ	カフェ	salon ♠ de coiffure サロン　ドゥ コワッフゅーる	美容院・理髪店
ma chambre ♡ マ　シャンブる	自分の部屋	bureau ♠ de tabac ビゅろー　ドゥ タバ	たばこ屋
commissariat ♠ コミッサりヤ	警察署	boîte ♡ de nuit ボワット　ドゥ ニゅイ	ナイトスポット
supermarché ♠ スゅぺるマるシェ	スーパーマーケット	restaurant ♠ japonais れストらン　ジャポネ	和食レストラン
syndicat ♠ d'initiative サンディカ　ディニスィヤティヴ	観光案内所	marché ♠ マるシェ	市場

114

UNIT 50　Je cherche 〜．

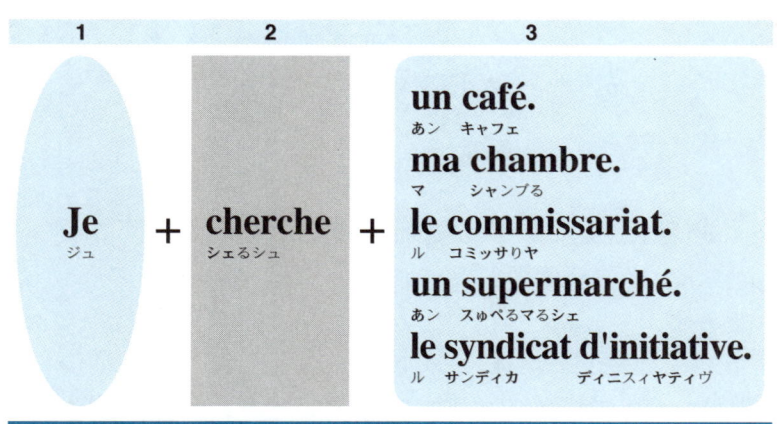

Je + **cherche** +
un café.
あン　キャフェ
ma chambre.
マ　シャンブる
le commissariat.
ル　コミッサリヤ
un supermarché.
あン　スゅぺるマるシェ
le syndicat d'initiative.
ル　サンディカ　ディニスィヤティヴ

ジュ　　シェるシュ

mini 会話

A：私は、カフェを探しているのですが。
Je cherche un café．
ジュ　シェるシュ　あン　キャフェ

B：このままこの道を進んでください。右側にありますよ。
Vous suivez cette rue．
ヴ　スゅイヴェ　セット　りゅ
C'est sur votre droite．
セ　スゅーる　ヴォトる　ドろワット

Point　フランスでは毎週曜日を決めて、あちらこちらの街角で marché（マるシェ）「市場」がたちます。野菜や果物はもちろんのこと、チーズなどの乳製品、肉や魚などを売っている店もあります。マルシェを歩いていると、大きな魚がまるごと置いてあったり、肉やソーセージがぶらさがったりしていて、とてもおもしろい光景が見られます。

UNIT 51
CD-51

● 嗜好を尋ねる時
〜は好きですか。

1	3		2
あなたは	スポーツ 映画 サッカー 猫 犬	は	好きですか。

語句を覚えよう！

sport ♠ スポーる	スポーツ	jogging ♠ ジョギン	ジョギング
cinéma ♠ スィネマ	映画	karaoké ♠ からオケ	カラオケ
football ♠ フットボル	サッカー	ski ♠ スキ	スキー
chat ♠ シャ	猫	lecture ♡ レクテゅーる	読書
chien ♠ シあン	犬	musique ♡ ミゅズィク	音楽

116

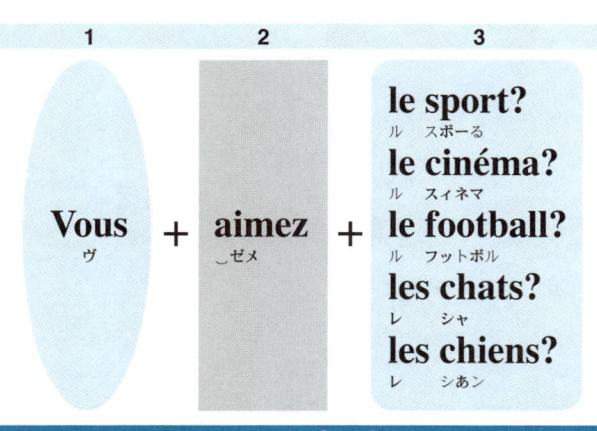

UNIT 51　Vous aimez ～?

CD-51

1	2	3
Vous ヴ	+ aimez + ゼメ	le sport? ル スポーる le cinéma? ル スィネマ le football? ル フットボル les chats? レ シャ les chiens? レ シあン

mini 会話

A：映画は好きですか。　　　　　　Vous aimez le cinéma?
　　　　　　　　　　　　　　　　　ヴ　　ゼメ　　ル スィネマ
B：ええ、大好きです。あなたは？　Oui, j'aime beaucoup. Et vous?
　　　　　　　　　　　　　　　　　ウィ ジェム　ボクー　　エ ヴ
A：私は音楽が好きです。　　　　　Moi, j'aime la musique.
　　　　　　　　　　　　　　　　　モワ ジェム ラ ミュズィク
B：どんな音楽が好きなんですか。　Quelle musique aimez-vous?
　　　　　　　　　　　　　　　　　ケル　ミュズィク　エメ　ヴ
A：ポップミュージックが好きです。J'aime la musique pop.
　　　　　　　　　　　　　　　　　ジェム ラ ミュズィク ポップ

Point　好き嫌いを尋ねる場合は、Vous aimez ～? の～の部分に、定冠詞をつけた単語を入れます。猫や犬のように数えられる名詞の場合は複数形にして、複数用の定冠詞 les をつけます。スポーツや音楽のように数えられない名詞の場合は単数形のまま、単数用の定冠詞 le（女性名詞の場合は la）をつけます。

UNIT 52　■嗜好の表現
CD-52
私は〜が好きです／嫌いです。

1	2		3
私は	魚 肉 果物 野菜 パスタ	が	好きです。 嫌いです。

語句を覚えよう！

poisson ♠ ポワッソン	魚	aliment ♠ diététique アリマン　ディエテティック	ダイエット食品
viande ♡ ヴィアンド	肉	salé ♠ サレ	塩味のもの
fruit ♠ フリュイ	果物	sucré ♠ スュクれ	甘いもの
légume ♠ レギゅム	野菜	plat ♠ léger プラ　レジェ	軽い料理
pâtes ♡（複） パート	パスタ類	friture ♡ フリテゅーる	揚げ物

UNIT 52 — CD 52
J'aime 〜.
Je n'aime pas 〜.

1+3 **2**

J'aime
ジェム

Je n'aime pas
ジュ ネム パ

＋

le poisson.
ル ポワッソン
la viande.
ラ ヴィアンド
les fruits.
レ フリュイ
les légumes.
レ レギュム
les pâtes.
レ パート

mini 会話

A：料理は何が好きですか。　Qu'est-ce que vous aimez
　　　　　　　　　　　　　ケ　ス ク ヴ　ゼメ
　　　　　　　　　　　　　comme plat?
　　　　　　　　　　　　　コム　プラ
B：肉料理が好きです。　　　J'aime la viande.
　　　　　　　　　　　　　ジェム ラ ヴィアンド
A：私は肉は嫌いです。　　　Moi, je n'aime pas la viande.
　　　　　　　　　　　　　モワ ジュ ネム パ ラ ヴィアンド
　　野菜が好きです。　　　 J'aime les légumes.
　　　　　　　　　　　　　ジェム レ レギュム

Point 料理のつけあわせによくあるのが、frites「フレンチフライ・ポテト」です。steak frites「フレンチフライ添えステーキ」や moules frites「フレンチフライ添えムール貝」など、料理の後に frites がついている場合は、「揚げ物料理」ではなくて、「フレンチフライ添え」を意味します。このフレンチフライ・ポテト、実はベルギーが発祥の地なのですが、"フレンチフライ" と呼ぶのがおもしろいですね。

UNIT 53
CD-53

■「見たい」と頼む時
～を見せてください。

2		1
もっと安い物 もっと大きい物 もっと小さい物 あれ これ全部	を	（私に） 見せてください。

語句を覚えよう！

moins cher モワン　シェール	もっと安い	tout ça トゥー　サ	これ全部
quelque chose ケルク　　ショーズ	（何かの）物	quelque chose ケルク　　　ショーズ d'autre ドートル	別の物
plus grand プリュ　グラン	もっと大きい	quelque chose ケルク　　　ショーズ de voyant ドゥ ヴォワイヤン	派手な物
plus petit プリュ　プティ	もっと小さい	quelque chose ケルク　　　ショーズ de sobre ドゥ ソーブル	地味な物
ça サ	あれ	quelque chose ケルク　　　ショーズ de chic ドゥ シック	上品な物

UNIT 53　Vous pouvez me montrer ～?

1

Vous pouvez
me montrer
ヴ　ブヴェ
ム　モントれ

＋

2

quelque chose de moins cher?
ケルク　ショーズ　ドゥ　モワン　シェール
quelque chose de plus grand?
ケルク　ショーズ　ドゥ　プリゅ　グラン
quelque chose de plus petit?
ケルク　ショーズ　ドゥ　プリゅ　プティ
ça?
サ
tout ça?
トゥー　サ

mini 会話

A：もっと安い物を見せてください。
Vous pouvez me montrer
ヴ　ブヴェ　ム　モントれ
quelque chose de moins cher?
ケルク　ショーズ　ドゥ　モワン　シェール

B：はい、どうぞ。
Oui, voilà.
ウィ　ヴォワラ

A：更に安い物を見せてください。
Vous pouvez me montrer
ヴ　ブヴェ　ム　モントれ
quelque chose d'encore moins
ケルク　ショーズ　ダンコーる　モワン
cher?
シェール

Point　「安い」という1語の形容詞は、フランス語にはありません。「安い」には、bon「よい」と marché「売買」をつなげた bon marché という表現を用います。「もっと安い」には、moins cher「より高くない（英語の less expensive にあたる）」を使います。ちなみにパリの Le Bon Marché は、世界最古のデパートのひとつだそうです。

UNIT 54 CD-54
■ 丁寧に「見たい」と頼む時
～を見せていただけますか。

2		1
パンフレット カタログ 見本 今日の新聞 中	を	（私に）見せていただけますか。

語句を覚えよう！

brochure ♡ ブロシゅーる	パンフレット	magazine ♠ マガズィンヌ	雑誌
catalogue ♠ キャタログ	カタログ	addition ♡ アディスィヨン	食事の勘定書
échantillon ♠ エシャンティヨン	見本	facture ♡ ファクテゅーる	請求書
journal ♠ ジゅるナル 　d'aujourd'hui 　ドジゅるデゅイ	今日の新聞	plan ♠ de la ville プラン　ドゥラ　ヴィル	市内地図
intérieur ♠ あンテりうーる	中・内部	horaire ♠ オれーる	時刻表

UNIT 54 Vous pourriez me montrer ～?

Vous pourriez me montrer +
- la brochure?
- le catalogue?
- un échantillon?
- le journal d'aujourd'hui?
- l'intérieur?

mini 会話

A: パンフレットを見せて いただけますか。
Vous pourriez me montrer la brochure?

B: すみません。もうそれはありません。
Excusez-moi. Nous n'en avons plus.

Point　UNIT 53 の Vous pouvez me montrer ～?「～を見せてください」という表現の pouvez は、英語の can にあたる動詞の活用形です。丁寧なニュアンスを持たせるために、pouvez を「条件法」という特別な活用形にすると pourriez になります。動詞を条件法にすると、「もしあなたがよろしければ…」という感じを出すことができるのです。

UNIT 55
CD-55

● 能力を聞く表現
〜はできますか。

2		1
英語を話すこと フランス語を話すこと 日本語で書くこと 泳ぐこと 車を運転すること	が	（あなたは） できますか。

語句を覚えよう！

parler l'anglais _{パるレ　ラングレ}	英語を話す	faire du golf _{フェーる デゅ ゴルフ}	ゴルフをする
parler _{パるレ}　le français _{ル フランセ}	フランス語を話す	faire _{フェーる}　du monoski _{デゅ モノスキ}	スノーボードをする
écrire _{エクりーる}　en japonais _{アン ジャポネ}	日本語で書く	pas du tout _{パ デゅ トゥー}	全然
nager _{ナジェ}	泳ぐ	un peu _{アン プー}	少し
conduire _{コンデゅイーる}	車を運転する	bien _{ビあン}	上手に

124

UNIT 55 Vous savez 〜 ?
CD-55

1 **2**

Vous savez
ヴ　サヴェ

\+

parler l'anglais?
パるレ　　ラングレ
parler le français?
パるレ　ル　フらンセ
écrire en japonais?
エクりーる　アン　ジャポネ
nager?
ナジェ
conduire?
コンデュイーる

mini 会話

A：日本語を話すことができますか。
Vous savez parler le japonais?
ヴ　サヴェ　パるレ　ル　ジャポネ

B：いいえ、全然だめです。
Non, pas du tout.
ノン　パ　デュ　トゥー

A：何語を話せますか。
Quelles langues est-ce que vous savez parler?
ケル　ラング　エ　ス　ク　ヴ　サヴェ　パるレ

B：英語が少し話せます。
Je sais un peu parler l'anglais.
ジュ　セ　あン　プー　パるレ　ラングレ

Point 以前は「フランス人は本当は英語がわかるくせに、わざと英語を話さない」と、よく言われました。確かに、「外来語としての英語」(français + anglais で "franglais" と呼ぶ) の侵入を防ごうという努力は、現在、政府レベルでも続いているようです。でも最近の若い世代は、英語を話せるということを自慢に思い、進んで話す人も多いようです。

UNIT 56
CD-56

● 可能／不可能の表現
私は～ができます／できません。

1	2	4		3
ここでは	私は	携帯で電話する パソコンを使う メールを送る たばこを吸う リラックスする	ことが	できます。 できません。

語句を覚えよう！

ici イスィ	ここでは	fumer フュメ	たばこを吸う
téléphoner avec テレフォネ　アヴェック mon portable モン　ポるターブル	自分の携帯で電話する	me relaxer ム　るラクセ	リラックスする
ordinateur ♠ オるディナトゥーる	パソコン	pour le moment プーる　ル　モマン	今のところは
utiliser ゆティリゼ	使う	en panne アン　パンヌ	故障の
envoyer un mail アンヴォワイエ あン メル	メールを送る	interdit/e あンてるディ/ット	禁止の

UNIT 56
CD-56

Je peux 〜.
Je ne peux pas 〜.

| 1 | 2 | 3 | 4 |

Ici, + **je** + **peux** / **ne peux pas** +
イスィ / ジュ / プー / ヌ プー パ

téléphoner avec mon portable.
テレフォネ アヴェック モン ポるターブル

utiliser l'ordinateur.
ゆティリゼ ろるディナトゥーる

envoyer des(de) mails.
アンヴォワイエ デ(ドゥ) メル

fumer.
フゅメ

me relaxer.
ム るラクセ

mini 会話

A：メールを送ってくださいますか。 Vous pouvez envoyer un mail?
ヴ プヴェ アンヴォワイエ あン メル

B：今はできません。 Pour le moment, je ne peux pas.
プール ル モマン ジュ ヌ プー パ

A：なぜですか。 Pourquoi?
プるコワ

B：パソコンが故障しているからです。 Parce que l'ordinateur est en panne.
パるス ク ろるディナトゥーる エ タン パンヌ

Point 上の mini 会話で、「今はできません」は「①私はメールを送る能力は持っているが、②故障のせいで今はメールを送れない」という意味です。①の意味での「能力の"できる"」は、UNIT 55 の "Vous savez 〜?" "Je sais 〜." で表します。②の「可能性の"できる"」は、この UNIT 56 の "Vous pouvez 〜?" "Je peux 〜." で表します。

UNIT 57 CD-57

● 許諾を得る時
〜してもいいですか。

2	1
トイレをお借りしても 写真を撮っても お名前をいただいても これを試着しても これをいただいても	（私が） いいですか。

語句を覚えよう！

utiliser ゆティリゼ　les toilettes 　　　レ　トワレット	トイレを 借りる	entrer アントれ	入る
prendre プらンドる　des photos 　　　　デ　フォト	写真を撮る	partir パるティーる	出発する
avoir votre nom アヴォワーる ヴォトる　ノン	お名前を いただく	venir avec vous ヴニーる　アヴェック ヴ	あなたと ご一緒する
l'essayer レセイエ	これを 試着する	m'asseoir ici マソワーる　　イスィ	ここに座る
le prendre ル　プらンドる	これを いただく	fumer ici フゅメ　イスィ	ここでたば こを吸う

UNIT 57 — Est-ce que je peux ～？

Est-ce que je peux
エ ス ク ジュ プー

+

utiliser les toilettes?
ゆティリゼ レ トワレット

prendre des photos?
プらンドる デ フォト

avoir votre nom?
アヴォワーる ヴォトる ノン

l'essayer?
レセイエ

le prendre?
ル プらンドる

mini 会話

A：トイレをお借りしても いいですか。
Est-ce que je peux utiliser les toilettes?
エ ス ク ジュ プー ゆティリゼ レ トワレット

B：どうぞ、あちらです。
Oui, c'est là-bas.
ウィ セ ラ バ

A：写真を撮ってもいいですか。
Est-ce que je peux prendre des photos?
エ ス ク ジュ プー プらンドる デ フォト

B：すみませんが、できません。
Je suis désolé, mais vous ne pouvez pas.
ジュ スィ デゾレ メ ヴ ヌ プヴェ パ

Point 英語の Can I take this?「これをいただいてもいいですか」の this にあたるのが、Est-ce que je peux le prendre? の le の部分です。英語だと this などの代名詞は動詞の後につけますが、フランス語では le などの代名詞は、動詞の前に移動します。

UNIT 58
CD-58

● 禁止の表現

～しないでください。

2	1
それに触れ 近寄ら パスポートを忘れ 大声でしゃべら 水道水は飲ま	ないでください。

語句を覚えよう！

toucher à ça トゥシェ　ア　サ	それに触る	boire ボワーる	飲む
s'approcher サプろシェ	近寄る	courir クりーる	走る
oublier votre passeport ウブリエ　ヴォトる　パスポーる	あなたのパスポートを忘れる	s'arrêter サれテ	立ち止まる
parler haut パるレ　オー	大声でしゃべる	paniquer パニケ	慌てる
eau du robinet オー　デュ　ろビネ	水道水	se disputer ス　ディスピュテ	けんかする

130

UNIT 58　Il ne faut pas 〜．

1　Il ne faut pas
　　イル ヌ フォー パ

+

2
toucher à ça.
トゥシェ　ア　サ
s'approcher.
サプロシェ
oublier votre passeport.
ウブリエ　　ヴォトる　　パスポーる
parler haut.
パルレ　オー
boire d'eau du robinet.
ボワーる　ドー　デュ　ロビネ

mini 会話

A：絵に触らないでください。
Il ne faut pas toucher au
イル ヌ フォー パ トゥシェ オ
tableau.
タブロー

B：ごめんなさい。
Je suis désolé.
ジュ スィ デゾレ

A：それから、写真を撮ることもしないでください。
Et il ne faut pas prendre de
エ イル ヌ フォー パ プランドる ドゥ
photo non plus.
フォト　ノン　プリュ

Point　フランスの水道水はきちんと処理されており、衛生的には問題ありません。ただ石灰質が多く含まれているせいか、まずいと感じる人が多く、昔から eau minérale「ミネラルウォーター」が好まれてきました。フランスでやかんや電気ポットを使っていると、内側に白い calcaire「石灰」がどんどんたまってきます。

UNIT 59 CD-59
■希望を伝える表現
～をお願いします。

1	2
ユーロへの両替 お勘定（レストランなどの） 生ビール　　　　　　　を 日本へ国際電話 お勘定（ホテルの）	お願いします。

語句を覚えよう！

change ♠ シャンジュ	両替	service ♠ セるヴィス 　　　d'étage 　　　デタージュ	ルーム サービス
addition ♡ アディスィヨン	勘定（レストランなどの）	réservation ♡ れぜるヴァスィヨン d'une chambre デュヌ　シャンブる	ホテルの予約
pression ♡ プれッスィヨン	生ビール	modification ♡ モディフィカスィヨン d'une réservation デュヌ　れぜるヴァスィヨン	予約の変更
appel ♠ interna- アペル　あンテるナ tional au Japon スィヨナル オ ジャポン	日本への 国際電話	annulation ♡ アニュラスィヨン d'une réservation デュヌ　れぜるヴァスィヨン	予約の取消
note ♡ ノット	勘定 （ホテルの）	à l'aéroport ア ラエロポーる	空港まで

UNIT 59
CD-59

～, s'il vous plaît.

1

Le change en euros,
ル　シャンジュ　アン　ヌーろ

L'addition,
ラディスィヨン

Une pression,
ゆヌ　プれッスィヨン

Un appel international au Japon,
あン　ナベル　あンテるナスィヨナル　オ　ジャポン

La note,
ラ　ノット

2

+ s'il vous plaît.
　スィル　ヴ　プレ

mini 会話

A：ユーロへの両替をお願いします。　Le change en euros, s'il vous plaît.
ル　シャンジュ　アン　ヌーろ　スィルヴ　プレ

今日はレートはいくらですか。　Quel est le cours aujourd'hui?
ケレ　ル　クーる　オジュるデュイ

B：1 ユーロが 125 円です。　Un euro vaut cent vingt-cinq yens.
あン　ヌーろ　ヴォー　サン　ヴァント　サンク　イエン

Point 2002 年から EU のうちの 12 カ国で、euro 貨幣の使用が始まったため、ヨーロッパ旅行では国ごとに両替する必要が少なくなりました。紙幣の両面と硬貨の表面は全て同じデザインですが、硬貨の裏面は各国独自のデザインとなっています。例えばフランスの 1 euro には、木の絵の周囲に「自由・平等・博愛」の文字が記されています。

UNIT 60
CD-60

■ 希望を聞く表現
（あなたは）〜したいですか。

3	2	1
サッカーの試合に	行き	（あなたは）たいですか。
ショーを	見	
ベルサイユ宮殿を	見学し	
日本へ	行き	
地元の料理を	食べ	

語句を覚えよう！

à un match de football ア アン マッチ ドゥ フットボル	サッカーの試合に	aller au Japon アレ オ ジャポン	日本へ行く
aller アレ	行く	spécialité de la région ♡ スペスィアリテ ドゥ ラ れジョン	地元の料理
voir un spectacle ヴォワール アン スペクタークル	ショーを見る	manger マンジェ	食べる
le château de Versailles ♠ ル シャトー ドゥ ヴェるサーイ	ベルサイユ宮殿	le musée du Louvre ♠ ル ミュゼ デュ ルーヴる	ルーブル美術館
visiter ヴィズィテ	見学する	la tour ♡ Eiffel ラ トゥール エフェル	エッフェル塔

UNIT 60
CD-60

Vous voulez 〜 ?

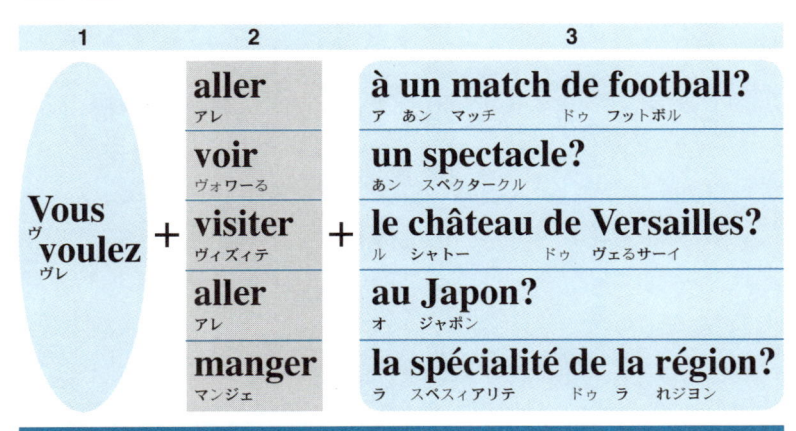

1	2	3
Vous voulez ヴ ヴレ	**aller** アレ	**à un match de football?** ア あン マッチ ドゥ フットボル
	voir ヴォワール	**un spectacle?** あン スペクタークル
	visiter ヴィズィテ	**le château de Versailles?** ル シャトー ドゥ ヴェるサーイ
	aller アレ	**au Japon?** オ ジャポン
	manger マンジェ	**la spécialité de la région?** ラ スペスィアリテ ドゥ ラ れジョン

mini 会話

A：凱旋門へ行きたいですか？　Vous voulez aller à l'Arc de Triomphe?
ヴ ヴレ アレ ア ラるク ドゥ トリオンフ

B：いいえ、コンコルド広場へ行きたいです。　Non, je voudrais aller à la Place de la Concorde.
ノン ジュ ヴドれ アレ ア ラ プラス ドゥ ラ コンコるド

Point フランスは、世界中で最も人気のある観光地のひとつです。実に、年間で7千万人以上の観光客が、フランスを訪れます。最も人気があるのは、Paris「パリ」、Provence「プロヴァンス」、Côte d'Azur「コートダジュール」地方です。プロヴァンス地方は『南仏プロヴァンスの12か月』という小説で有名ですし、コートダジュール地方には映画祭の行われるカンヌがあります。

UNIT 61　●感情・状況の表現
私は〜です。

	1	3	2
	私は	嬉しい / 感激 / 忙しい / 孤独 / 悲しい	です。

語句を覚えよう！

heureux/se うーるー/ズ	嬉しい	tendu/e タンデゅ	緊張している
touché/e トゥシェ	感激している	embarrassé/e アンバらセ	困っている
occupé/e オキゅペ	忙しい	content/e コンタン/ト	満足している
seul/e スール	孤独な	furieux/se フゅりうー/ズ	怒っている
triste トリスト	悲しい	curieux/se キゅりうー/ズ	好奇心がある

UNIT 61 Je suis 〜.

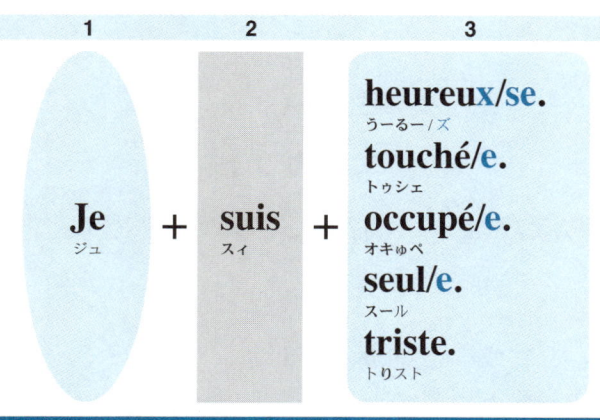

Je (ジュ) + **suis** (スィ) +
- **heureux/se.** うーるー/ズ
- **touché/e.** トゥシェ
- **occupé/e.** オキュペ
- **seul/e.** スール
- **triste.** トリスト

mini 会話

A：ここに来て満足ですか。 Vous êtes content d'être venu ici?
ヴ ゼット コンタン デートる ヴニュ イスィ

B：本当に嬉しいです。 Je suis très heureux.
ジュ スィ トれ ズーるー

毎日観光をたくさんしています。 Tous les jours, je fais beaucoup de tourisme.
トゥー レ ジュール ジュ フェ ボクー ドゥ トゥーリスム

Point 感情を言いたい時は、Je suis (=I am) 〜 . の後に形容詞をつけます。形容詞は、話し手の性別によって男女の形を使いわけます。原則としてeを加えると女性形になりますが、tristeのようにもともとeで終わっている形容詞は、男女同じ形を使います。heureux, furieux, curieuxのように-euxで終わっているものは、-euseに換えます。

137

UNIT 62
CD-62
●容姿の表現
あなたは〜ですね。

| 1 | 3 | 2 |

あなたは | きれい / エレガント / かっこいい / スリム / 魅力的 | ですね。

語句を覚えよう！

joli/e ジョリ	きれいな	beau/belle ボー／ベル	ハンサムな・美しい
élégant/e エレガン／ト	エレガントな	jeune ジュンヌ	若い
super スュペール	かっこいい	vieux/vieille ヴィユー／ヴィエーイ	年をとった
mince マンス	スリムな	grand/e グラン／ド	（背が）高い
charmant/e シャルマン／ト	魅力的な	petit/e プティ／ット	（背が）低い

UNIT 62
CD 62

Vous êtes ～.

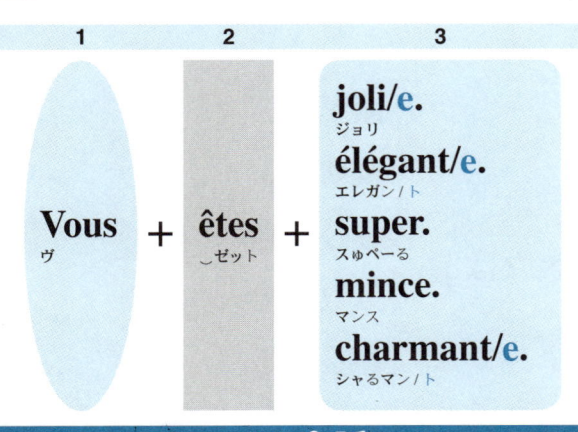

1	2	3
Vous ヴ	+ **êtes** ゼット	+ **joli/e.** ジョリ **élégant/e.** エレガン / ト **super.** スゅぺーる **mince.** マンス **charmant/e.** シャるマン / ト

mini 会話

A：あなたは、きれいでエレガントですね。

Vous êtes jolie et élégante.
ヴ ゼット ジョリ エ エレガント

B：お上手ですね！

Vous me flattez!
ヴ ム フラッテ

あなたこそ、魅力的ですよ。

Et vous, vous êtes charmant.
エ ヴ ヴ ゼット シャるマン

Point jolie「きれい」は女性に対する褒め言葉で、普段よく使います。joli/e の上をいく beau/belle「美しい」は男性にも使いますが、かなりの美男・美女を表す時にしか使いません。女性がおしゃれをしてきた時などに気軽に褒める時は、Vous êtes (très) jolie.「(とても) きれいですね」と言いましょう。

UNIT 63　●性格・性質の表現
彼／彼女は〜です。

1	3	2
彼は 彼女は	頭がいい 親切 感じがいい 気取った人 いじわる	です。

語句を覚えよう！

intelligent/e アンテリジャン/ト	頭がいい	amusant/e アミュザン/ト	おもしろい
gentil/le ジャンティ/ーユ	親切な	travailleur/se トらヴァイうーる/ズ	勤勉な
sympathique サンパティック	感じがいい	gai/e ゲ	明るい
prétentieux/se プれタンスィう―/ズ	気取っている	malin/gne マラン/リーニュ	ずるい
méchant/e メシャン/ト	いじわるな	paresseux/se パれスー/ズ	怠け者の

UNIT 63
CD-63

Il / Elle est ～.

1	2	3

Il イレ
Elle エレ
+ **est** +
intelligent/e.
アンテリジャン / ト
gentil/le.
ジャンティ / ーユ
sympathique.
サンパティック
prétentieux/se.
プれタンスィうー / ズ
méchant/e.
メシャン / ト

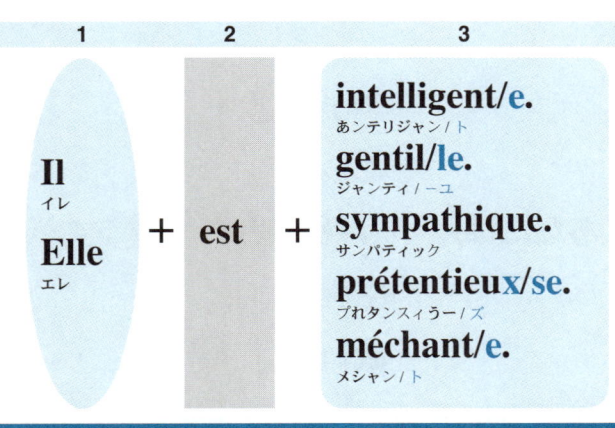

mini 会話

A：彼は気取っていて、いじわるだ。
Il est prétentieux et méchant.
イレ　プれタンスィうー　エ　メシャン

B：そう？　私はその反対だと思うけど。彼は感じがよくて親切よ。
Ah bon? Moi, je pense le contraire. Il est sympathique et gentil.
ア　ボン　モワ　ジュ　パンス　ル　コントれール　イレ　サンパティック　エ　ジャンティ

Point　sympathique「感じがいい」は、よく使われる形容詞です。日常会話では、よく "sympa" と省略されます。sympathique も sympa も、男女同じ形を使います。「彼（女）ってどんな人？」と聞くと、たいていまず最初に返ってくるのが Il(Elle) est sympa.「いい人ですよ」という答です。人だけでなく、雰囲気のよい店やパーティーについても、よく sympa と言います。

UNIT 64
CD-64

● 状態を聞く表現

（あなたは）〜ですか。

1	3	2
（あなたは）	調子が悪い お疲れ 今晩お暇 空腹 眠い	ですか。

語句を覚えよう！

vous êtes malade ヴ ゼット マラッド	あなたは調子が悪い	vous êtes déçu/e ヴ ゼットデスゅ	あなたはがっかりしている
vous êtes fatigué/e ヴ ゼット ファティゲ	あなたは疲れている	vous êtes ivre ヴ ゼット イーヴる	あなたは酔っ払っている
vous êtes libre ヴ ゼット リーブる	あなたは暇だ	vous avez soif ヴ ザヴェ ソワフ	あなたはのどが渇いている
vous avez faim ヴ ザヴェ ファン	あなたは空腹だ	vous avez de la fièvre ヴ ザヴェ ドゥ ラ フィエーヴる	あなたは熱がある
vous avez sommeil ヴ ザヴェ ソメーイ	あなたは眠い	vous avez mal ヴ ザヴェ マル	あなたは痛い

UNIT 64
CD-64

Vous êtes / avez 〜 ?

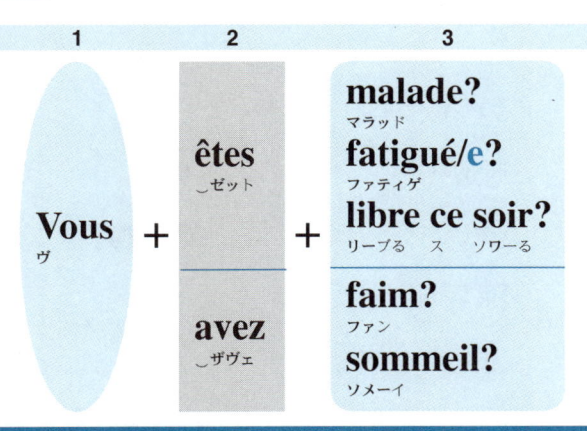

1	2	3
Vous ヴ	**êtes** ゼット	**malade?** マラッド **fatigué/e?** ファティゲ **libre ce soir?** リーブる ス ソワーる
	avez ザヴェ	**faim?** ファン **sommeil?** ソメーイ

mini 会話

A：大丈夫ですか。　　　　　Ça va?
　　　　　　　　　　　　　　サ ヴァ
　　疲れていませんか。　　　Vous n'êtes pas fatigué?
　　　　　　　　　　　　　　ヴ ネット パ ファティゲ
B：私は大丈夫です。あなたは？　Moi, ça va. Et vous?
　　　　　　　　　　　　　　モワ サ ヴァ エ ヴ
A：頭が痛いです。　　　　　J'ai mal à la tête.
　　　　　　　　　　　　　　ジェ マル ア ラ テット

Point 状態の表現には être(= be) を使う場合と、avoir(= have) を使う場合があります。malade「調子が悪い」、fatigué/e「疲れている」などの形容詞は être とともに使います。faim「空腹」、sommeil「眠気」といった名詞は、avoir の後につなげて「空腹を持つ」「眠気を持つ」という表現にして使います。

UNIT 65
CD-65

■ 天候の表現（1）
〜な天気です。

2	1
いい 暖かい 暑い 涼しい 寒い	（天気）ですね。

語句を覚えよう！

beau ボー	（天気が）いい	humide ユミッド	湿気がある
doux ドゥー	暖かい	sec セック	乾燥している
chaud ショー	暑い	il pleut イル プルー	雨が降っている
frais フレ	涼しい	il neige イル ネージュ	雪が降っている
froid フロワ	寒い	il y a des nuages イリ ア デ ニュアージュ	曇っている

UNIT 65
Il fait 〜.

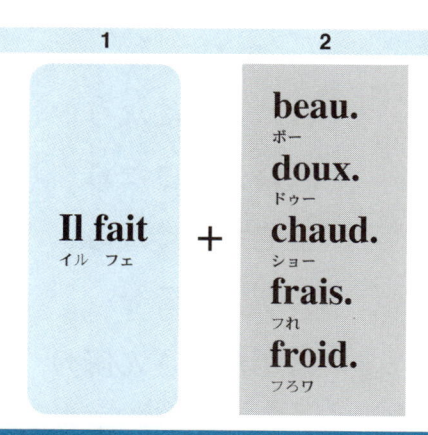

1	2
Il fait イル フェ +	**beau.** ボー **doux.** ドゥー **chaud.** ショー **frais.** フレ **froid.** フロワ

mini 会話

A：今日は、天気がいいですね。 Aujourd'hui, il fait beau.
オジュるデュイ　　イル フェ ボー

B：明日の天気はどうなのでしょう。 Demain, il va faire quel temps?
ドゥマン　イル ヴァ フェーる ケル タン

A：明日は雨です。 Demain, il pleut.
ドゥマン　　イル プルー

Point　天候の表現には3種類あります。まず、beau「いい」、humide「湿気がある」、sec「乾燥している」などの形容詞を、il fait 〜 の後につけるタイプです。次に、il pleut (= it rains)、il neige (= it snows) のように動詞を使うタイプです。そして「曇り」は、il y a des nuages「雲がある」という表現を使います。

UNIT 66 — 天候の表現（2）

〜になりそうですね。

1	3	2
明日 午後 あさって　は 週末 今日	いい天気になり 悪い天気になり とても暑くなり 雪が少し降り 雨がたくさん降り	そうですね。

語句を覚えよう！

faire beau フェーる ボー	いい天気だ	un peu アン プー	少し
faire mauvais フェーる モヴェ	悪い天気だ	pleuvoir プルヴォワーる	雨が降る
faire chaud フェーる ショー	暑い	beaucoup ボクー	たくさん
très トれ	とても	météo メテオ	天気予報
neiger ネジェ	雪が降る	selon スロン	〜によると

UNIT 66 — Il va 〜．

1	2	3
Demain, (ドゥマン)		**faire beau.** (フェーる ボー)
Cet après-midi, (セッ タプれ ミディ)		**faire mauvais.** (フェーる モヴェ)
Après-demain, (アプれ ドゥマン)	**+ il va +** (イル ヴァ)	**faire très chaud.** (フェーる トれ ショー)
Ce week-end, (ス ウィーケンド)		**neiger un peu.** (ネジェ アン プー)
Aujourd'hui, (オジュるデュイ)		**pleuvoir beaucoup.** (プルヴォワーる ボクー)

mini 会話

A：天気予報によると、明日は雨が降るそうですね。
　　Selon la météo, demain, il va pleuvoir.
　　(スロン ラ メテオ　ドゥマン　イル ヴァ プルヴォワーる)

B：どうしたらいいだろう？
　　Qu'est-ce qu'on va faire?
　　(ケ ス コン ヴァ フェーる)

A：でも、あさってはいい天気だそうですよ。
　　Mais après-demain, il va faire beau.
　　(メ アプれ ドゥマン　イル ヴァ フェーる ボー)

B：じゃ、あさって出発しましょう。
　　Alors, on va partir après-demain.
　　(アローる オン ヴァ パるティーる アプれ ドゥマン)

Point フランスに限ったことではないと思いますが、初対面の人と話す時、politique「政治」や religion「宗教」の話題は避けた方がいいでしょう。無難なのは、何といっても temps「天気」を話題にすることです。この意味でも、天気の表現は身につけておくとよいと思われます。その日の天気の話から始めて、日本の天気の説明に進むなど、話のきっかけをつくるのにも役立ちますから。

UNIT 67
CD-67

■ 状態の表現
～すぎます。

2	1
大き 小さ （値段が）高 遠 （長さが）短	すぎます。

語句を覚えよう！

grand/e グらン/ド	大きい	long/ue ロン/グ	（長さが）長い
petit/e プティ/ット	小さい	vieux/vieille ヴィう― /ヴィエ―イ	古い
cher/ère シェ―る	（価格が）高い	voyant/e ヴォワイヤン/ト	派手な
loin ロワン	遠い	sobre ソ―ブる	地味な
court/e ク―る/ト	（長さが）短い	proche プろッシュ	近い

UNIT 67
CD-67
C'est trop 〜.

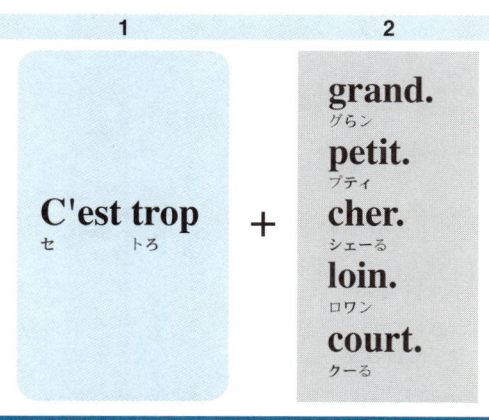

1　　　　　**2**

C'est trop
セ　　トロ

＋

grand.
グラン
petit.
プティ
cher.
シェール
loin.
ロワン
court.
クーる

mini 会話

A：この絵をお求めですか。
B：いいえ、高すぎますよ。
　　お金がありません。
A：じゃ、あちらの絵はいかが
　　ですか。
B：大きすぎます。

Vous prenez ce tableau?
ヴ　プるネ　ス　タブロー
Non, c'est trop cher.
ノン　セ　トロ　シェール
Je n'ai pas d'argent.
ジュネ　パ　ダるジャン
Eh bien, ce tableau-là?
エ　ビあン　ス　タブロー　ラ
C'est trop grand.
セ　トロ　グラン

Point　「〜すぎる」は trop ＋形容詞（または副詞）で表します。そして C'est trop ＋形容詞．の構文では、形容詞は男女を使いわけません。似た構文に、C'est assez ＋形容詞．があります。assez は、英語の enough にあたります。買物の時などに、Ce n'est pas assez grand.「大きさが足りない（＝充分に大きくない、少し小さい）」のように使います。

UNIT 68
CD-68

■ 風味の表現
（味が）〜ですね。

2: おいしい / まずい / 塩辛い / 甘い / ぬるい

1: ですね。

語句を覚えよう！

bon/ne ボン/ヌ	おいしい	acide アスィッド	酸っぱい
mauvais/e モヴェ/ーズ	まずい	amer/ère アメール	苦い
salé/e サレ	塩辛い	épicé/e エピセ	香辛料のきいた
sucré/e スュクれ	甘い	fort/e フォーる/ト	濃い（コーヒーなど）
tiède ティエッド	ぬるい	allongé/e アロンジェ	薄めてある（スープなど）

UNIT 68
CD-68

C'est 〜.

1		2
C'est セ	**+**	**bon.** ボン **mauvais.** モヴェ **salé.** サレ **sucré.** スゅクれ **tiède.** ティエッド

mini 会話

A：お気に召しましたか。　　Ça vous plaît?
　　　　　　　　　　　　　サ　ヴ　　プレ
B：ええ、とてもおいしいです。Oui, c'est très bon.
　　　　　　　　　　　　　ウィ　セ　トれ　ボン
A：どうも。　　　　　　　　Merci!
　　　　　　　　　　　　　メるスィ
　　もっといかがですか。　　Vous en voulez encore?
　　　　　　　　　　　　　ヴ　ザン ヴレ　　アンコーる
B：はい、いただきます。　　Oui, je veux bien.
　　　　　　　　　　　　　ウィ　ジュ ヴー　ビあン

Point 日本では甘すぎないケーキの方が人気がありますが、フランスのデザート類はとても甘く、そして甘いものがおいしいと感じられているようです。一方コーヒーは、日本と比べてより濃くつくられています。普通の café「コーヒー」のほか、さらに濃い express「エスプレッソ」も大変人気があります。

UNIT 69　■物を褒める表現
すてきな〜ですね。

2	3	1
すてきな	スカーフ / ブラウス（シャツ）/ ネクタイ / ジャケット / ドレス	ですね。

語句を覚えよう！

foulard ♠ フラーる	スカーフ	motif ♠ モティフ	模様
chemisier ♠ シュミズィエ	ブラウス（シャツ）	couleur ♥ クルーる	色
cravate ♥ クらヴァット	ネクタイ	à rayures ア れイゆーる	縞模様の
veste ♥ ヴェスト	ジャケット	à pois ア ポワ	水玉の
robe ♥ ろーブ	ドレス	à fleurs ア フルーる	花柄の

UNIT 69
CD-69

C'est un joli / une jolie 〜.

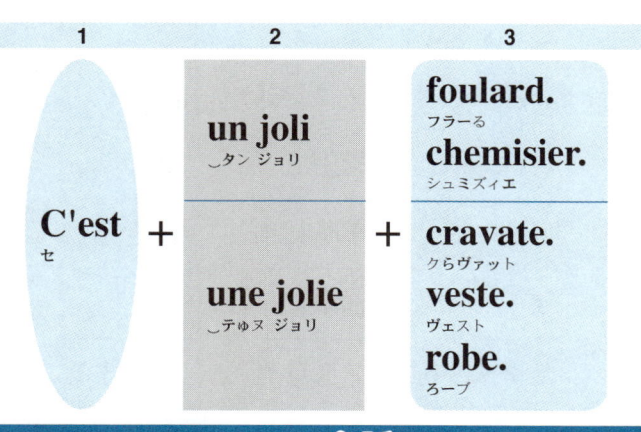

1	2	3
C'est セ	un joli タン ジョリ	foulard. フラーる chemisier. シュミズィエ
	une jolie テュヌ ジョリ	cravate. クらヴァット veste. ヴェスト robe. ろーブ

mini 会話

A：すてきなスカーフですね！どこで買ったのですか。
C'est un joli foulard. Où est-ce que vous l'avez acheté?
セ　タンジョリ フラーる　ウ　エ　ス　ク　ヴ　ラヴェ　アシュテ

B：デパートです。とても安いんですよ。
Au grand magasin.
オ　グらン　マガザン
C'est très bon marché.
セ　トれ　ボン　マるシェ

Point 日本では、シャツ類は「Yシャツ（男物）」「ブラウス（女物）」「シャツ（男女）」と3種類にわかれています。一方フランスでは、une chemise「Yシャツ（男物）」、un chemisier「ブラウス（女物）＋シャツ（男女）」と、2種類になります。男物のYシャツが女性名詞で、ブラウスやシャツが男性名詞というところも、おもしろいですね。

UNIT 70　予定の表現
CD-70

（私は）〜するつもりです。

1	5	4	3	2
（私は）	来月	フランスへ	行く	つもりです。
	明日	成田を	発つ	
	明朝	4時に	起きる	
	今	食事に	行く	
	大学卒業後	アメリカへ	留学する	

語句を覚えよう！

aller en France アレ　アン フらンス	フランスへ行く	aller faire mes études アレ　フェーる　メ　ゼテュッド	留学する
partir de Narita パるティーる ドゥ ナリタ	成田を発つ	le mois prochain ル　モワ　プロシャン	来月
à quatre heures ア キャトるーる	4時に	demain ドゥマン	明日
me lever ム　ルヴェ	起きる	demain matin ドゥマン　マタン	明朝
aller manger アレ　マンジェ	食事に行く	maintenant マントナン	今

UNIT 70   Je vais 〜.

1	2	3	4	5
Je	vais	aller	en France	le mois prochain.
		partir	de Narita	demain.
		me lever	à quatre heures	demain matin.
		aller	manger	maintenant.
		aller faire mes études	aux États-Unis	après l'université.

mini 会話

A：明朝、成田空港を発つつもりです。
Je vais partir de l'aéroport de Narita demain matin.

B：何時の便ですか。
C'est le vol de quelle heure?

A：7時の便です。だから、自宅を4時に出るつもりです。
Le vol de sept heures. Alors, je vais partir de chez moi à quatre heures.

Point UNIT 15 で解説したように、国名には性別があります。フランスなどの女性名詞の国へ行く場合は、aller en France のように en を使います。日本などの男性名詞の国へ行く場合は、aller au Japon のように au を使います。そして、アメリカなどの複数名詞の国の場合は、aller aux États-Unis のように aux を用います。

UNIT 71
CD-71

● 病状の表現
（私は）〜が痛い。

1	2	3
（私は）	お腹 頭 のど 歯 腰 が	痛い。

語句を覚えよう！

ventre ♠ ヴァントる	お腹	j'ai de la fièvre ジェ ドゥ ラ フィエーヴる	熱がある
tête ♡ テット	頭	je tousse ジュ トゥース	咳が出る
gorge ♡ ゴるジュ	のど	j'ai la diarrhée ジェ ラ ディアれ	下痢をしている
dents ♡（複） ダン	歯	je ne peux pas dormir ジュ ヌ プー パ ドるミーる	眠れない
reins ♠（複） らン	腰	mon nez coule モン ネ クール	鼻水が出る

UNIT 71 CD-71 J'ai mal à ～.

1+3 **2**

J'ai mal
ジェ　マル

+

au ventre.
オ　ヴァントる

à la tête.
ア　ラ　テット

à la gorge.
ア　ラ　ゴるジュ

aux dents.
オ　ダン

aux reins.
オ　らン

mini 会話

A：どうしましたか。

B：頭が痛いんです。インフルエンザにかかったようです。

A：医者に行った方がいいですよ。

Qu'est-ce que vous avez?
ケ　ス　ク　ヴ　ザヴェ

J'ai mal à la tête.
ジェ　マル　ア　ラ　テット

Je pense que j'ai la grippe.
ジュ　パンス　ク　ジェ　ラ　グリップ

Il vaut mieux aller chez le médecin.
イル ヴォー　ミュー　アレ　シェ　ル　メドサン

Point　「前置詞 à ＋定冠詞 le ＋男性名詞」という順番になる時は、à と le がくっついて「au ＋男性名詞」という形に変化します。ですから、J'ai mal à le ventre. ではなく、J'ai mal au ventre. となっているのです。また「前置詞 à ＋定冠詞 les ＋複数名詞」の連続は、「aux ＋複数名詞」になります。歯と腰のことを言う時は複数形で言うので、このケースになります。

UNIT 72 CD-72

■ 物を紛失した時

私は〜をなくしました。

1	3		2
私は	ハンドバッグ お金 ビデオカメラ 財布 腕時計	を	なくしました。

語句を覚えよう！

sac ♠ サック	ハンドバッグ	bague ♥ バーグ	指輪
argent ♠ アるジャン	お金	boucles ♥ （複） ブクル d'oreilles ドれーイ	イヤリング
caméscope ♠ キャメスコプ	ビデオカメラ	collier ♠ コリエ	ネックレス
portefeuille ♠ ポるトフーイ	財布	bracelet ♠ ブらスレ	ブレスレット
montre ♥ モントる	腕時計	épingle ♥ エパングル de cravate ドゥ クらヴァット	タイピン

UNIT 72 — CD 72

J'ai perdu 〜.

1	2	3

J'ai (ジェ) + **perdu** (ぺるデュ) +

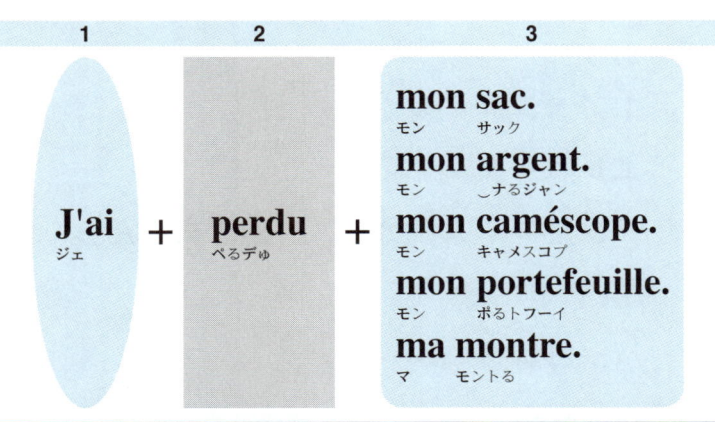

mon sac. モン　サック
mon argent. モン　ナるジャン
mon caméscope. モン　キャメスコプ
mon portefeuille. モン　ポるトフーイ
ma montre. マ　モントる

mini 会話

A：どうしましたか。　　　Qu'est-ce qu'il y a?
　　　　　　　　　　　　ケ　スキ　リア
B：財布をなくしました。　J'ai perdu mon portefeuille.
　　　　　　　　　　　　ジェ　ぺるデュ　モン　ポるトフーイ
A：どこでなくしましたか。Où est-ce que vous l'avez perdu?
　　　　　　　　　　　　ウ　エ　スク　ヴ　ラヴェ　ぺるデュ
B：わかりません。　　　　Je ne sais pas.
　　　　　　　　　　　　ジュ　ヌ　セ　パ

Point　「なくした」という過去の話なので、UNIT 22 で解説した「複合過去」という過去時制を使います。perdre「なくす」という動詞の過去分詞を使って、「j'（主語）＋ ai（助動詞）＋ perdu（過去分詞）」とします。mini 会話では、「vous（主語）＋ avez（助動詞）＋ perdu（過去分詞）」の構文に、「それを（= it)」を意味する l' が入っています。

UNIT 73　CD-73

■ 物が故障した時
～が動きません。

1	2
エアコン / エレベーター / テレビ / 電話 / パソコン　が	動きません。

語句を覚えよう！

climatiseur ♠ クリマティズーる	エアコン	clé ♥ de la porte クレ　ドゥ ラ ポるト	ドアの鍵
ascenseur ♠ アサンスーる	エレベーター	douche ♥ ドゥーシュ	シャワー
télévision ♥ テレヴィズィヨン	テレビ	réfrigérateur ♠ れフリジェらトゥーる	冷蔵庫
téléphone ♠ テレフォンヌ	電話	bouton ♠ ブトン	スイッチ
ordinateur ♠ オるディナトゥーる	パソコン	L'eau ロー　ne coule pas. 　　ヌ　クール　パ	水が流れません。

UNIT 73　〜 ne marche pas.

1
Le climatiseur
ル　クリマティズーる

L'ascenseur
ラサンスーる

La télévision
ラ　テレヴィズィヨン

Le téléphone
ル　テレフォンス

L'ordinateur
ろるディナトゥーる

+

2
ne marche pas.
ヌ　　マるシュ　　　パ

mini 会話

A：エアコンが動きません。見に来てくださいますか。

B：だめなんです。エレベーターが動きませんから。

Le climatiseur ne marche pas. Vous pouvez venir voir?
ル　クリマティズーる　ヌ　マるシュ　パ　ヴ　プヴェ　ヴニーる　ヴォワーる

Je ne peux pas. Parce que l'ascenseur ne marche pas.
ジュ ヌ　プー　パ　パるス　ク　ラサンスーる　ヌ　マるシュ　パ

Point
フランスのエレベーターに乗って、「1」と書かれたボタンを押します。そうすると2階に行ってしまいますが、これは故障ではありません。フランスでは、2階は premier étage（＝第1階）、3階は deuxième étage（＝第2階）のように数えるのです。1階に行くには「0（ゼロ）」または「ＲＣ」と書かれたボタンを押しましょう。

UNIT 74
CD-74

■ 感謝の表現

〜をありがとうございます。

3	2	1
食事 電話 御招待 お手伝い	を	ありがとう ございます。
いろいろ	と	

語句を覚えよう！

repas ♠ るパ	食事	dîner ♠ ディネ	夕食
appel ♠ アペル	電話	lettre ♥ レットる	手紙
invitation ♥ あンヴィタスィヨン	招待	traduction ♥ トらデュクスィヨン	通訳
aide ♥ エッド	手伝い	cadeau ♠ カドー	プレゼント
tout トゥー	いろいろ	fleur ♥ フルーる	花

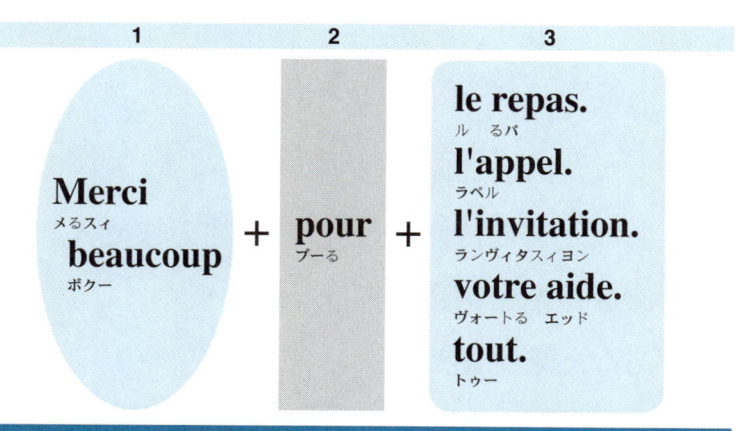

UNIT 74
CD-74

Merci beaucoup pour 〜.

1	2	3

Merci beaucoup
メルスィ ボクー

+ **pour** +
プーる

le repas.
ル るパ
l'appel.
ラベル
l'invitation.
ランヴィタスィヨン
votre aide.
ヴォートる エッド
tout.
トゥー

mini 会話

A：おいしい夕食をありがとうございます。

Merci beaucoup pour ce bon dîner.
メルスィ ボクー プーる ス ボン ディネ

B：どういたしまして。きれいなお花をありがとうございました。

Je vous en prie.
ジュ ヴ ザンプリ

Merci beaucoup pour ces jolies fleurs.
メルスィ ボクー プーる セ ジョリ フルーる

Point 家での食事に招待された時、日本ではよく gâteau「ケーキ」を持参しますが、フランスではやめた方がいいかもしれません。というのも、dessert「デザート」は招待する側が用意していることが普通だからです。おみやげは、fleurs「花」か chocolats「チョコ」の詰め合わせが無難です。招待主と親しければ、あらかじめ打ち合わせてデザートを持参することもあります。

UNIT 75　■お詫びの表現
〜してすみません。

2

遅くなって
あなたのお邪魔をして
あなたをお待たせして
あなたを失望させて
あなたを驚かせて

1

すみません。

語句を覚えよう！

être en retard エートる アン るターる	遅れる	de ne pas ドゥ ヌ パ pouvoir le faire プヴォワール ル フェーる	そのことができない
vous déranger ヴ　デランジェ	あなたのお邪魔をする	d'avoir échoué ダヴォワール エシュエ	失敗した
vous avoir fait attendre ヴ　ザヴォワール フェ アタンドる	あなたを待たせた	de ne pas être venu ドゥ ヌ パ　ゼートる ヴニゅ	来なかった
vous avoir déçu ヴ　ザヴォワール デスゅ	あなたを失望させた	de ne pas vous avoir contacté ドゥ ヌ パ ヴ　ザヴォワール コンタクテ	あなたと連絡をとらなかった
vous avoir surpris ヴ　ザヴォワール　スゅるプリ	あなたを驚かせた	de ne pas avoir dit la vérité ドゥ ヌ パ ザヴォワール ディ ラ ヴェリテ	本当のことを言わなかった

UNIT 75 Je suis désolé/e de ～．

Je suis désolé/e +
- d'être en retard.
- de vous déranger.
- de vous avoir fait attendre.
- de vous avoir déçu.
- de vous avoir surpris.

mini 会話

A：遅くなってすみません。道路が渋滞していたので。
Je suis désolé d'être en retard. Il y a eu des embouteillages.

B：どういたしまして。さあ、始めましょうか。
Je vous en prie. Alors, on va commencer?

Point　「～してすみません」と言う時は、Je suis désolé/e.（＝ I am sorry.）の後に、"de ＋～"をつけます。「現在遅くなっている状態にある」「現在あなたのお邪魔をしている状態にある」場合は、"de ＋動詞の原形"です。ところが、「すでにあなたをお待たせしてしまった」「すでにあなたを失望させてしまった」場合は、"d' ＋助動詞 avoir の原形＋過去分詞"です。

UNIT 76
CD-76

■ 丁寧に尋ねる時

すみません、〜ですか。

1	3	2
すみません、	この席は空いています 時計をお持ちです ラファイエットホテルはこのそばです 火をお持ちです マルタン(男性)さんです	か。

語句を覚えよう！

cette place セット　プラス 　　est libre 　　エ　リーブる	この席は 空いている	complet/ète コンプレ/ット	満席（満室）
heure うーる	時刻	réservation れぜるヴァスィヨン	予約
près d'ici プれ　ディスィ	このそば	réservé/e れぜるヴェ	予約済み
feu フー	火	place libre プラス　　リーブる	空席
occupé/e オキュペ	（席が）ふさ がっている	épuisé/e エピュイゼ	売り切れ （在庫無し）

UNIT 76 Excusez-moi, est-ce que ～ ?

CD-76

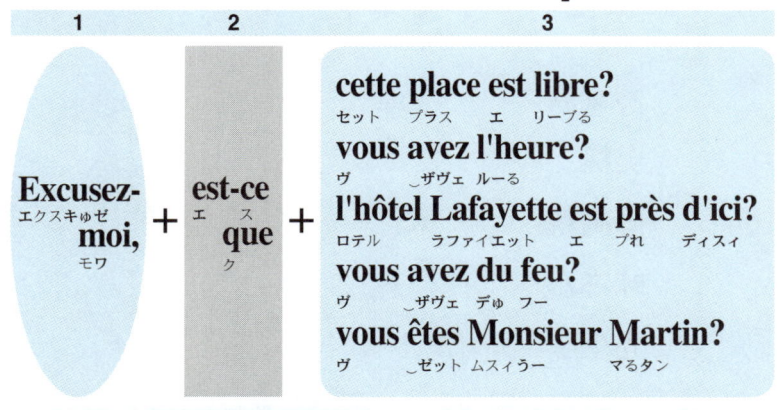

Excusez-moi, + **est-ce que** +
- cette place est libre?
- vous avez l'heure?
- l'hôtel Lafayette est près d'ici?
- vous avez du feu?
- vous êtes Monsieur Martin?

mini 会話

A：すみません、この席は空いていますか。
Excusez-moi, est-ce que cette place est libre?

B：ええ、空席ですよ。
Oui, c'est libre.

A：ありがとうございます。
Merci.

Point 日本語の「～ですか？」にあたるのが、"est-ce que ～ ?" です。"est-ce que ..." で文が始まっていたら、すぐにそれは質問だとわかるのです。時刻を尋ねる時、日本では「時計をお持ちですか」と尋ねます。しかし、フランスでは montre（時計）ではなく「heure（時刻）をお持ちですか」という言い方をします。

UNIT 77
CD-77

● 挨拶の伝言

〜によろしくお伝えください。

3	2	1
御家族 奥様 御両親 妹さん 先生	に	よろしくお伝えください。

語句を覚えよう！

votre famille ヴォトる　ファミーユ	あなたの家族	chef ♠ シェフ	課長
votre femme ヴォトる　ファム	あなたの奥様	supérieur ♠ スゅぺりうーる	上司
vos parents ヴォ　パらン	あなたの両親	tout le monde トゥー　ル　モンド	皆様
votre sœur ヴォトる　スーる	あなたの妹	ami/e アミ	友達
votre professeur ヴォトる　プろフェッスーる	あなたの先生	petit/e ami/e プティタミ	恋人

UNIT 77 — Donnez le bonjour à 〜.

1	2	3
Donnez le bonjour ドネ　　ル　ボンジュール	à ア	votre famille. ヴォトる　ファミーユ votre femme. ヴォトる　ファム vos parents. ヴォ　パらン votre sœur. ヴォトる　スーる votre professeur. ヴォトる　プろフェスーる

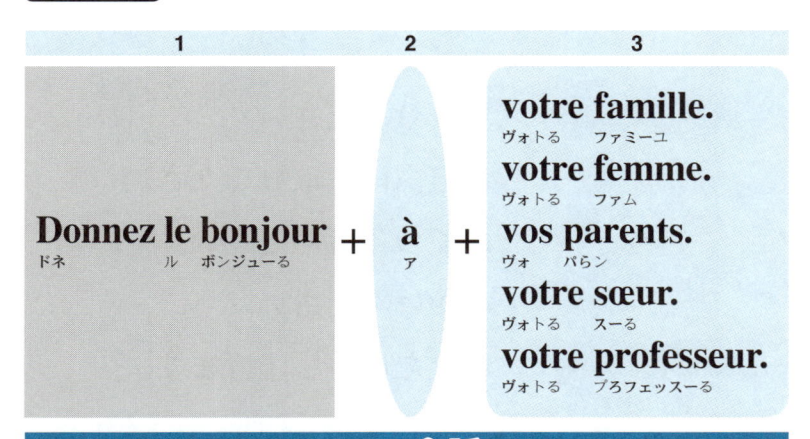

mini 会話

A：御家族によろしくお伝えください。
Donnez le bonjour à votre famille.
ドネ　　ル　ボンジュール　ア
ヴォトる　ファミーユ

B：わかりました。必ずそうします。
D'accord. Certainement.
ダッコーる　　　せるテヌマン

A：それでは、失礼します。
Eh bien, au revoir.
エ　ビあン　オ　るヴォワーる

Point　「よろしく」にぴったりとあてはまるフランス語はありません。ですから、「〜に（私からの）"bonjour" を渡してください」という言い方になります。フランスでは、相手の会社の人に bonjour を渡すように頼むことは少なく、この表現は主に相手の家族や友人に関して使われます。

UNIT 78 — 勧める時の表現
どうぞ〜。

	2		1
	どうぞ		お入りください。 ご自由にお取りください。 おくつろぎください。 おかけください。 あなたに差し上げます。

語句を覚えよう！

entrez アントれ	お入り ください	allez-y アレ ズィ	やって ください
servez-vous セるヴェ ヴ	ご自由にお取 りください	donnez-moi ドネ モワ votre manteau ヴォトる マントー	コートをお渡 しください
relaxez-vous るラクセ ヴ	おくつろぎ ください	prenez-en プるネ ザン beaucoup ボクー	たくさんお取 りください
asseyez-vous アセィエ ヴ	（椅子に）お かけください	c'est comme セ コム vous voulez ヴ ヴレ	あなたがよろ しいように
c'est pour vous セ プーる ヴ	あなたに 差し上げます	après vous アプれ ヴ	あなたが お先に

UNIT 78
CD-78

～, je vous en prie.

1

Entrez,
アントれ

Servez-vous,
セるヴェ　ヴ

Relaxez-vous,
るラクセ　ヴ

Asseyez-vous,
アセイエ　ヴ

C'est pour vous,
セ　プーる　ヴ

+

2

je vous en prie.
ジュ ヴ 　ザンプり

mini 会話

A： どうぞ、ご自由にお取りください。
Servez-vous, je vous en prie.
セるヴェ　ヴ　ジュ ヴ 　ザンプり

B： とてもおいしいです。どなたがこれをお料理したのですか。
C'est très bon. Qui l'a fait?
セ　トれ　ボン　キ　ラ　フェ

A： 私です。
C'est moi.
セ　モワ

Point

Servez-vous. Relaxez-vous. Asseyez-vous. など、命令形の時、後に -vous がつく動詞は「代名動詞」という特別な動詞です。-vous は、英語の Help yourself.「ご自由にお取りください」の yourself にあたります。フランス語では「くつろぐ→自分自身をくつろがせる」「座る→自分自身を座らせる」のように表現するのです。

UNIT 79 相手の特性を褒める表現
CD-79
(あなたは) 〜が上手ですね。

1	2		3
(あなたは)	料理する 運転する 絵を描く 日本語を 話す ゴルフを する	のが	上手ですね。

語句を覚えよう！

bien ビアン	上手に	japonais ♠ ジャポネ	日本語
vous cuisinez ヴ　キュイズィネ	あなたは 料理する	vous jouez ヴ　ジュエ	あなたは(プレー)する
vous conduisez ヴ　コンデュイゼ	あなたは 運転する	au golf オ　ゴルフ	ゴルフを
vous dessinez ヴ　デスィネ	あなたは 絵を描く	au tennis オ　テニス	テニスを
vous parlez ヴ　パるレ	あなたは話す	vous me flattez ヴ　ム　フラッテ	お口がお上手ですね

UNIT 79　Vous ～ bien.

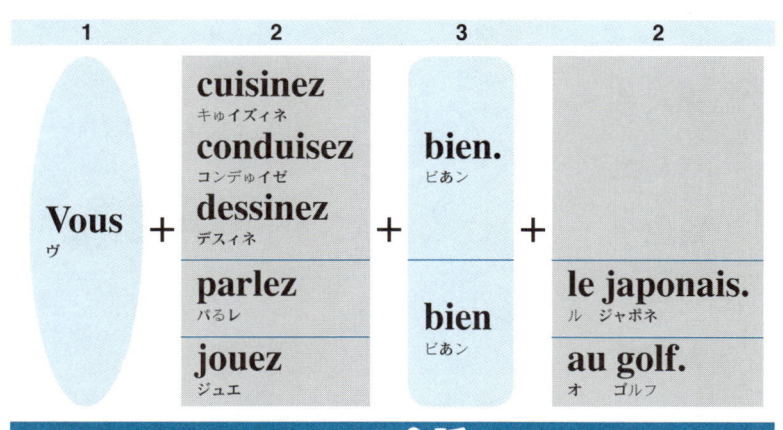

1	2	3	2
Vous ヴ	**cuisinez** キュイズィネ **conduisez** コンデュイゼ **dessinez** デスィネ	**bien.** ビあン	
	parlez パるレ **jouez** ジュエ	**bien** ビあン	**le japonais.** ル ジャポネ **au golf.** オ ゴルフ

mini 会話

A：料理がお上手ですね。
Vous cuisinez bien.
　　ヴ　　キュイズィネ　　ビあン

B：ありがとう。料理するのが好きなんです。
Merci. J'aime cuisiner.
メるスィ　ジェム　キュイズィネ

A：それに、フランス語もとてもお上手ですね。
En plus, vous parlez aussi très bien le français.
アン プリュス　ヴ　パるレ　オスィ　トれ　ビあン　ル　フらンセ

Point　「上手に～する」という時の「上手に」は、bien を使います。「とても上手に」は、très（= very）を加えて、très bien と言います。これに対し、「下手に～する」は ～ mal となります。例えば、「絵が（とても）下手なんです」は Je dessine (très) mal. となります。

UNIT 80 CD-80

● 感動の表現

（私は）～に感動しました。

| 3 | 2 | 1 |

| オペラ / バレエ / 景色 / お城 / 大聖堂 | に | （私は）感動しました。 |

語句を覚えよう！

opéra ♠︎ オペら	オペラ	vitraux ♠︎ （複） ヴィトロー	ステンドグラス
ballet ♠︎ バレ	バレエ	jardin ♠︎ ジャるダン	庭
paysage ♠︎ ペイザージュ	景色	tableau ♠︎ タブロー	絵
château ♠︎ シャトー	城	monument ♠︎ モニュマン	建造物
cathédrale ♥︎ キャテドらル	大聖堂	cuisine ♥︎ キュイズィンヌ	料理

UNIT 80 — CD-80
J'ai été impressionné/e par 〜.

1 J'ai été impressionné/e
ジェ エテ アンプれッスィヨネ

+ par +
パーる

3
- l'opéra. ロペら
- le ballet. ル バレ
- le paysage. ル ペイザージュ
- le château. ル シャトー
- la cathédrale. ラ キャテドらル

mini 会話

A：ベルサイユ宮殿はいかがですか。

B：あのすばらしい宮殿に感動しました。

Qu'est-ce que vous pensez du château de Versailles?
ケ ス ク ヴ パンセ デュ シャトー ドゥ ヴェるサーイ

J'ai été impressionné par ce magnifique château.
ジェ エテ アンプれッスィヨネ パーる ス マニフィック シャトー

Point 日本では、コンサートの後、感動した観客はアンコールを求めます。フランスでも同じことがおきますが、観客は Encore!（アンコール）ではなく、Bis!（ビス）「2度、再度」と叫びます。encore「また、もう一度」という単語は、普段の会話ではもちろん使われていますが、公演終了後の感動を表す表現としては用いられないのです。

UNIT 81 ■ 驚きの表現
CD-81

（私は）〜に驚きました。

3	2	1
知らせ ニュース その出来事 事故 彼（女）の死亡	に	（私は）驚きました。

語句を覚えよう！

nouvelle 💧 ヌーヴェル	知らせ	mort 💧 モーる	死
information 💧 アンフォるマスィヨン	ニュース	catastrophe 💧 キャタストロフ	大災害
événement ♠ エヴェヌマン	出来事	détournement ♠ デトゥるヌマン d'avion ダヴィヨン	ハイジャック
accident ♠ アクスィダン	事故	attentat ♠ アタンタ	テロ
sa 〜 サ	彼（女）の〜	grève 💧 グれーヴ	ストライキ

UNIT 81
CD-81
J'ai été surpris/e par 〜.

1 J'ai été surpris/e
ジェ エテ スゅるプリ/ーズ

2 par
パーる

3
la nouvelle.
ラ ヌーヴェル
l'information.
ランフォるマスィヨン
l'événement.
レヴェヌマン
l'accident.
ラクスィダン
sa mort.
サ モーる

mini 会話

A：ハイジャックがおきましたね。
Il y a eu un détournement d'avion.
イ リ ア ゆ アン デトゥるヌマン ダヴィヨン

B：ええ、この悪い知らせに驚きました。
Oui, j'ai été surpris par cette mauvaise nouvelle.
ウィ ジェ エテ スゅるプリ パーる セット モヴェーズ ヌーヴェル

でも死者もけが人も出なくてよかったですよね。
Heureusement, il n'y a eu ni mort ni blessé.
うーるーズマン イル ニ ア ゆ ニ モーる ニ ブレッセ

Point

UNIT 80 の J'ai été impressionné/e par 〜. と、UNIT 81 の J'ai été surpris/e par 〜. は、同じ構文を使っています。直訳的に英語に置き換えると、I was impressed(surprised) by 〜. となり、impressionner「強い印象を与える」、surprendre「驚かせる」という動詞の受身（過去形）なのです。

UNIT 82
CD-82

■ 喜びを表す表現
（私は）～とても嬉しく思います。

2
ご訪問を
お電話を
そのお知らせを
お会いできて
ご一緒できて

1
（私は）
とても嬉しく
思います。

語句を覚えよう！

votre visite ♡ ヴォトる ヴィズィット	あなたの訪問	votre lettre ♡ ヴォトる レットる	あなたの手紙
votre appel ♠ ヴォトる アペル	あなたの電話	votre cadeau ♠ ヴォトる カドー	あなたのプレゼント
cette nouvelle ♡ セット ヌーヴェル	そのお知らせ	vous revoir ヴ るヴォワーる	あなたとまた会う
vous voir ヴ ヴォワーる	あなたに会う	être embauché/e エートる アンボーシェ	雇ってもらう
être avec vous エートる アヴェック ヴ	あなたとご一緒する	avoir réussi à l'examen アヴォワーる れゆスィ ア レグザマン	試験に合格した

178

UNIT 82 — CD 82
Je suis très heureux/se de 〜．

1

Je suis très heureux/se
ジュ スィ トれ ズーるー / ズ

+

2

de votre visite.
ドゥ ヴォトる ヴィズィット
de votre appel.
ドゥ ヴォトる アペル
de cette nouvelle.
ドゥ セット ヌーヴェル
de vous voir.
ドゥ ヴ ヴォワーる
d'être avec vous.
デートる アヴェック ヴ

mini 会話

A：またお会いできてとても嬉しく思います。
Je suis très heureux de vous revoir.
ジュ スィ トれ ズーるー ドゥ ヴ るヴォワーる

B：私もです。
Moi aussi.
モワ オスィ

もう5年になりますね。
Ça fait déjà cinq ans.
サ フェ デジャ サンカン

Point Je suis heureux/se. は、英語の I am happy. にあたります。そこに、英語の very にあたる très が挿入されているのです。votre visite「あなたの訪問」などの名詞をつける時は、「de ＋名詞」の形をとります。vous voir「あなたに会う」などの動詞をつける時は、「de ＋原形」にします。

UNIT 83
CD-83

■ 感想を聞く
〜は楽しかったですか。

2	1
旅行 ヨーロッパ滞在 サッカーの試合　は 市内観光 オペラ	楽しかったですか。

語句を覚えよう！

voyage ♠ ヴォワイヤージュ	旅行	travail ♠ トらヴァーイ	仕事
séjour ♠ セジューる　en Europe アン　ヌーろップ	ヨーロッパ滞在	études ♥（複） エテゅッド　à l'université ア リュニヴェるスィテ	大学での勉強
match ♠ マッチ　de football ドゥ フットボル	サッカーの試合	petit boulot ♠ プティ　ブーロ	アルバイト
visite ♥ ヴィズィット　de la ville ドゥ ラ ヴィル	市内観光	vacances ♥（複） ヴァカンス	休暇
opéra ♠ オペら	オペラ	vie ♥ ヴィ　célibataire セリバテーる	独身生活

UNIT 83 Vous avez aimé ～ ?

Vous avez aimé
ヴ ザヴェ エメ

+

le voyage?
ル ヴォワイヤージュ

le séjour en Europe?
ル セジューる アン ヌーろップ

le match de football?
ル マッチ ドゥ フットボル

la visite de la ville?
ラ ヴィズィットドゥ ラ ヴィル

l'opéra?
ロぺラ

mini 会話

A：フランス旅行は楽しかったですか。

B：はい、とても。
特にパリが。

Vous avez aimé le voyage en France?
ヴ ザヴェ エメ ル ヴォワイヤージュ アン フランス

Oui, beaucoup.
ウィ ボクー

Surtout à Paris.
スゅるトゥー ア パり

Point 日本では、「旅行は楽しかった？」「休暇を楽しんできてね」「景色を楽しむ」のように、「楽しむ」という表現をよく使います。英語にはenjoyという単語がありますが、フランス語にはこの「楽しむ」に相当する単語がありません。普通は、aimer「好きになる」を使って、Vous avez aimé le voyage?「旅行は気に入った？」などと尋ねます。

UNIT 84
CD-84

● 経験の聞き方
〜は初めてですか。

2	1
ここに来る 新幹線に乗る 京都を訪れる　のは フランスを旅行する 飛行機に乗る	初めてですか。

語句を覚えよう！

vous venez ici ヴ　　ヴネ　　イスィ	（あなたが） ここに来る	premier/ère プるミエ/ーる	初めての
vous prenez ヴ　　プるネ 　le Shinkansen 　ル　シンカンセン	（あなたが） 新幹線に乗る	deuxième ドゥーズィエム	2度目の
vous visitez ヴ　　ヴィズィテ 　　Kyoto 　　キヨト	（あなたが） 京都を訪れる	dernier/ère デるニエ/ーる	最後の
vous voyagez ヴ　　ヴォワイヤジェ 　en France 　アン フランス	（あなたが） フランスを 旅行する	plusieurs fois プリュズィうーる フォワ	何度か
vous prenez ヴ　　プるネ 　　l'avion 　　ラヴィヨン	（あなたが） 飛行機に乗る	tous les ans トゥー　レ　ザン	毎年

UNIT 84 C'est la première fois que 〜 ?

CD-84

1	2
C'est la première fois セ ラ プるミエーる フォワ	que vous venez ici? ク ヴ ヴネ イスィ vous prenez le Shinkansen? ヴ プるネ ル シンカンセン vous visitez Kyoto? ヴ ヴィズィテ キヨト vous voyagez en France? ヴ ヴォワイヤジェ アン フらンス vous prenez l'avion? ヴ プるネ ラヴィヨン

mini 会話

A：TGV に乗るのは初めてですか。

B：いいえ、もう 2 度目です。

C'est la première fois que
セ ラ プるミエーる フォワ ク
vous prenez le T.G.V.?
ヴ プるネ ル テジェヴェ

Non, c'est déjà la deuxième
ノン セ デジャ ラ ドゥーズィエム
fois.
フォワ

Point la première fois (= the first time) の première は、順番を表す序数詞です。premier/ère「1 番目の」だけ男性形と女性形があり、この場合は fois（回）が女性名詞なので、女性形の première を使います。deuxième「2 番目の」以降は男女同形で、数詞に "-ième" をつけてつくります。例えば、trois (= 3) + -ième = troisième のようになります。

UNIT 85 CD-85
■ 経験を表現する
こんな…を〜したことがない。

3		2	1
こんなすばらしい彫刻		見た	
こんな美しい景色			(私は) ことがない。
こんな甘いケーキ	を	食べた	
こんな胸の悪くなる話			
こんな悪い知らせ		聞いた	

語句を覚えよう！

magnifique マニフィック	すばらしい	gâteau ♠ ガトー	ケーキ
sculpture ♥ スキュルテゅーる	彫刻	écœurant/e エクらン/ト	胸の悪くなる
beau/lle ボー/ベル	美しい	histoire ♥ イストワール	話
paysage ♠ ペイザージュ	景色	mauvais/e モヴェ/ーズ	悪い
sucré/e スュクれ	甘い	nouvelle ♥ ヌーヴェル	知らせ

UNIT 85
CD-85

Je n'ai jamais ～ si ....

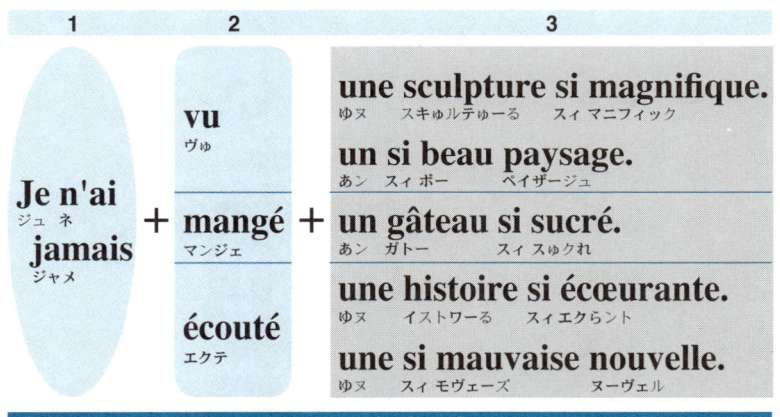

1	2	3
Je n'ai jamais ジュ ネ ジャメ	vu ヴュ	une sculpture si magnifique. ゆヌ　スキュルテゅーる　スィ マニフィック
		un si beau paysage. あン　スィ ボー　　ベイザージュ
	mangé マンジェ	un gâteau si sucré. あン　ガトー　　スィ スュくれ
	écouté エクテ	une histoire si écœurante. ゆヌ　イストワール　スィ エクらント
		une si mauvaise nouvelle. ゆヌ　スィ モヴェーズ　　　ヌーヴェル

mini 会話

A：こんなすばらしいお城は見たことがありません。

Je n'ai jamais vu un si beau château.
ジュ ネ　ジャメ　ヴュ あン スィ ボー　シャトー

B：こんな美しい庭も見たことがありません。

Je n'ai jamais vu un si beau jardin non plus.
ジュ ネ　ジャメ　ヴュ あン スィ ボー　ジャるダン ノン　プりゅ

Point si magnifique「こんなすばらしい」は、名詞 sculpture「彫刻」の後にあります。一方 si beau「こんな美しい」は、名詞 paysage「景色」の前に来ています。ほとんどの形容詞は、magnifique のように名詞の後につけます。ところが、beau のような日常よく使うごく少数の形容詞だけは、例外として名詞の前に来るのです。

UNIT 86 CD-86

■ 興味の有無の言い方
（私は）〜に興味があります／ありません。

2		1
建築 美術 宗教 絵画 音楽	に	（私は） 興味があります。 興味がありません。

語句を覚えよう！

architecture あるシテクテゅーる	建築	histoire イストワーる	歴史
beaux-arts (複) ボーざーる	美術	archéologie あるケオロジ	考古学
religion るリジヨン	宗教	antiquités (複) アンティキテ	骨董品
peinture パンテゅーる	絵画	littérature リテらテゅーる	文学
musique ミゅズィク	音楽	porcelaine ポるスレンヌ	陶磁器

UNIT 86
Je m'intéresse à ～.
Je ne m'intéresse pas à ～.

1
Je m'intéresse
ジュ マンテレッス

Je ne m'intéresse pas
ジュ ヌ マンテレッス パ

+

2
à l'architecture.
ア ラるシテクテゅーる

aux beaux-arts.
オ ボー ザーる

à la religion.
ア ラ るリジヨン

à la peinture.
ア ラ パンテゅーる

à la musique.
ア ラ ミゅズィク

mini 会話

A：あなたは何に興味がありますか。
Vous vous intéressez à quoi?
ヴ ヴ ザンテレッセ ア コワ

B：私は、ヨーロッパの近代美術に興味があります。
Je m'intéresse aux beaux-arts modernes européens.
ジュ マンテレッス オ ボー ザーる モデるヌ うーろッペあン

Point フランス人の会話を聞いていると、どうでもよいことをしつこく議論しているような感じを受けることがよくあります。そして、話を向けられても Ça m'est égal.（サ メ テガル）「私はどっちでもいいけど…」としか反応できず、それきり会話に参加できなくなってしまうことがあります。会話を続けたければ、Je m'intéresse à ～ . と言って、何か意見を述べるようにしましょう。

UNIT 87
CD-87

● 確信を表す表現

～、きっとそうだ。

1	2
彼は来る、 彼は大丈夫、 （お金を）盗まれた、 それをどこかに落とした、 それをあそこに置き忘れた、	きっとそうだ。

語句を覚えよう！

il vient イル ヴィあン	彼は来る	quelque part ケルク　　　パーる	どこかに
il va bien イル ヴァ ビあン	彼は大丈夫だ	mon argent モン　　なるジャン	私のお金
j'ai été volé ジェ エテ ヴォレ	私は（お金を）盗まれた	mon portefeuille モン　　ぽるトフーイ	私の財布
Je l'ai laissé tomber ジュ レ　レッセ　トンベ	私はそれを落とした	mon sac モン　　サック	私のバッグ
Je l'ai laissé ジュ レ　レッセ	私はそれを置き忘れた	mon portable モン　　ぽるターブル	私の携帯

UNIT 87
CD-87

～, c'est sûr.

1

Il vient,
イル ヴィあん

Il va bien,
イル ヴァ ビあん

J'ai été volé,
ジェ エテ ヴォレ

Je l'ai laissé tomber quelque part,
ジュ レ レッセ トンベ ケルク パール

Je l'ai laissé là-bas,
ジュ レ レッセ ラ バ

2

+ c'est sûr.
　　セ　　スゅーる

mini 会話

A：彼は来ますか。
Est-ce qu'il vient?
エ ス キル ヴィあん

B：ええ、彼はきっと来ると思います。
Oui, il vient, c'est sûr.
ウィ イル ヴィあん セ スゅーる

A：どうして？
Pourquoi?
プるコワ

B：彼は、いつも遅刻するけれど、
来ることは来るからね。
Il est toujours en retard,
イレ トゥジューる アン るタール
mais il vient quand même.
メ イル ヴィあん カン メーム

Point Il vient, c'est sûr. のように、c'est sûr をつけ加えると、確信を表すことができます。もし c'est sûr を sans doute に換えると、「恐らくそうだ」という意味になります。それを peut-être にすると、「そうかもしれない。でも違うかもしれない」という意味になります。だんだんと確信の度合いが下がるわけです。

UNIT 88 / CD-88
■ 相手に意見を聞く
〜をどう思いますか。

2		1
日本 この事件 彼女のこと 環境問題 フランスの経済	を	（あなたは） どう思いますか。

語句を覚えよう！

Japon ♠ ジャポン	日本	économie ♥ française エコノミ　フらンセーズ	フランスの経済
cet 〜 セット	この〜	avenir ♠ アヴニーる	将来
événement ♠ エヴェヌマン	事件	passé ♠ パッセ	過去
elle エル	彼女	présent ♠ プれザン	現在
problème ♠ de l'environnement プろブレム　ドゥ　ランヴィろヌマン	環境問題	relations ♥（複）franco-japonaises るラスィヨン　フらンコ　ジャポネーズ	日仏関係

UNIT 88 — Qu'est-ce que vous pensez de 〜 ?

Qu'est-ce que vous pensez +

- du Japon?
- de cet événement?
- d'elle?
- du problème de l'environnement?
- de l'économie française?

mini 会話

A：彼女のことをどう思いますか。
　Qu'est-ce que vous pensez d'elle?

B：親切だと思います。
　Je pense qu'elle est gentille.

A：デュピュイ氏をどう思いますか。
　Qu'est-ce que vous pensez de Monsieur Dupuy?

B：きびしいと思います。
　Je pense qu'il est sévère.

Point 英語に直訳すると、qu'est-ce que ＝ what、vous pensez de 〜 ＝ you think of 〜 となります。この最後にある de の後に、男性単数の定冠詞 le が来ると、de ＋ le で du という形になります。また、母音で始まる名詞が de の後に来る時は、d' という短い形になって名詞にくっつきます。

UNIT 89
CD-89

■ 別れ際の表現
～をお祈りします／また～したいと思います。

2	1
ご多幸を よいご旅行を よいお年を	（あなたに） お祈りします。
日本でまた　お目にかかり 来年もまた来	たいと思います。

語句を覚えよう！

beaucoup de bonheur ボクー ドゥ ボヌーる	多くの幸せ	l'année prochaine ラネ プロシェンヌ	来年
un bon voyage あン ボン ヴォワイヤージュ	よい旅行	une bonne continuation ユヌ ボンヌ コンティニュアスィヨン	ますますの ご活躍を
une bonne année ユヌ ボンヌ アネ	よい年	bonne chance ボンヌ シャンス	ご幸運を
vous revoir ヴ るヴォワーる	あなたに また会う	de bonnes vacances ドゥ ボンヌ ヴァカンス	よい休暇を
revenir るヴニーる	また来る	un bon week-end あン ボン ウィーケンド	よい週末を

UNIT 89
CD-89

Je (vous) souhaite 〜．

1　　　　　　　**2**

Je vous souhaite
ジュ ヴ　スウェット

+

beaucoup de bonheur.
ボクー　　　　ドゥ ボヌーる

un bon voyage.
アン ボン　ヴォワイヤージュ

une bonne année.
ゆヌ　ボンヌ　　アネ

Je souhaite
ジュ スウェット

vous revoir au Japon.
ヴ　　るヴォワーる　オ　ジャポン

revenir l'année prochaine.
るヴニーる　　ラネ　　プろシェンヌ

mini 会話

A：よいご旅行をお祈りします。

Je vous souhaite un bon
ジュ ヴ　スウェット　　あン ボン
voyage.
ヴォワイヤージュ

B：来年、日本でまたお目にかかりたいと思います。いろいろとありがとうございました。

Je souhaite vous revoir au
ジュ スウェット　　ヴ　　るヴォワーる オ
Japon l'année prochaine.
ジャポン　　ラネ　　プろシェンヌ
Merci beaucoup pour tout.
メるスィ　ボクー　　　プーる トゥー

Point　一般的な「さようなら」にあたる別れの挨拶は、Au revoir.（オ　るヴォワーる）です。これと混同してはいけないのが、Adieu.（アデュー）で、こちらはもう2度と会わないだろうということを意味します。例えば亡くなった人や、恋人への別れの言葉として使われるので、普段は絶対に使わないでください。

UNIT 90　CD-90
■ どのように〜するかの尋ね方
これはフランス語でどのように〜するのですか。

1	4	3	2
これは	フランス語で 日本語で 英語で	どのように	発音するのですか。 書くのですか。 言うのですか。 動くのですか。 機能するのですか。

語句を覚えよう！

ça se prononce サ　ス　プロノンス	これは 　発音される	en anglais アン　ナングレ	英語で
ça s'écrit サ　セクリ	これは 　書かれる	ça marche サ　マるシュ	これは動く
ça se dit サ　ス　ディ	これは 　言われる	ça fonctionne サ　フォンクスィヨンヌ	これは 　機能する
en français アン　フらンセ	フランス語で	comment コマン	どのように
en japonais アン　ジャポネ	日本語で	ça s'appelle サ　サペル	これは 　呼ばれる

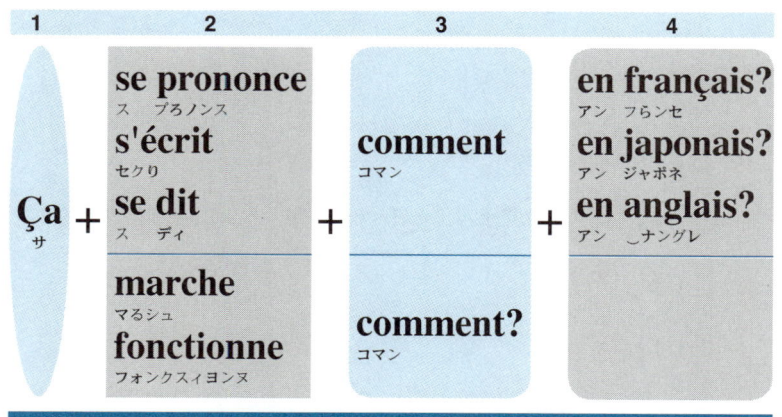

UNIT 90 Ça ～ comment ～ ?

1	2	3	4
Ça (サ)	se prononce (ス プロノンス) / s'écrit (セクリ) / se dit (ス ディ)	comment (コマン)	en français? (アン フランセ) / en japonais? (アン ジャポネ) / en anglais? (アン ナングレ)
	marche (マルシュ) / fonctionne (フォンクスィヨンヌ)	comment? (コマン)	

mini 会話

A：「インターネット」は、フランス語でどのように言うのですか。
インターネット, ça se dit comment en français?
(インターネット サ ス ディ コマン アン フランセ)

B：同じく"Internet"と言います。
Ça se dit "Internet" aussi.
(サ ス ディ アンテルネット オスィ)

A：で、それはどのように書くのですか。
Et ça s'écrit comment?
(エ サ セクリ コマン)

B：英語と同じです。
Comme en anglais.
(コム アン ナングレ)

Point フランスにアメリカ文化が入り込んでいるのは周知の事実です。これは américanisation と呼ばれますが、実は若年層では japonisation が進んでいるのです。若者向け新聞を見ると、次のような日本語が並んでいます。Pokémon, Yu-Gi-Oh, manga, Chihiro, Mononoke, Sony, Nintendo, Sega, cosplay, Mario. 皆さんはわかりますか？

UNIT 91
CD-91

■ 意味の尋ね方

〜はどういう意味ですか。

3		1	2
これ この単語 この記号 このしるし あの文字	は	どういう	意味ですか。

語句を覚えよう！

ça サ	これ	défense de fumer デファンス ドゥ フュメ	禁煙
mot ♠ モ	単語	défense d'entrer デファンス ダントれ	立入禁止
signe ♠ スィーニュ	記号	défense de デファンス ドゥ 　photographier 　フォトグらフィエ	撮影禁止
marque ♥ マるク	しるし	sens unique サンス ユニック	一方通行
lettre ♥ レットる	文字	défense de デファンス ドゥ 　stationner 　スタスィヨネ	駐車禁止

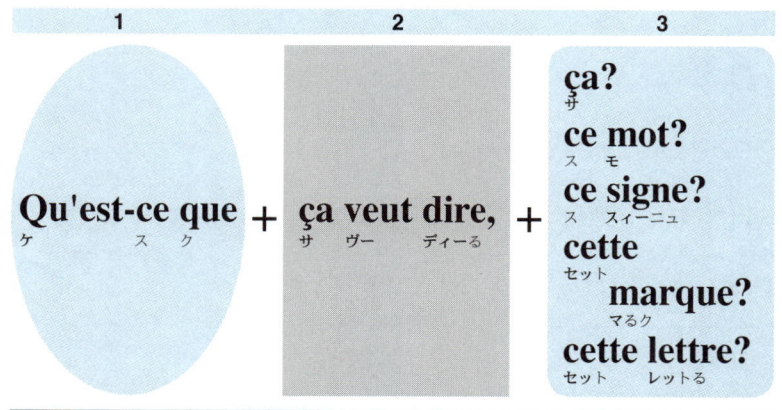

UNIT 91 Qu'est-ce que ça veut dire, 〜?

CD-91

1	2	3

Qu'est-ce que (ケ ス ク) + **ça veut dire,** (サ ヴー ディーる) +
- **ça?** (サ)
- **ce mot?** (ス モ)
- **ce signe?** (ス スィーニュ)
- **cette marque?** (セット マルク)
- **cette lettre?** (セット レットる)

mini 会話

A：これはどういう意味ですか。　Qu'est-ce que ça veut dire?
　　　　　　　　　　　　　　　(ケ ス ク サ ヴー ディーる)
B：「禁煙」という意味です。　　Ça veut dire, "Défense de fumer".
　　　　　　　　　　　　　　　(サ ヴー ディーる デファンス ドゥ フュメ)
A：では、あれは？　　　　　　Et ça?
　　　　　　　　　　　　　　　(エ サ)
B：一方通行の標識です。　　　C'est le panneau du sens unique.
　　　　　　　　　　　　　　　(セ る パノー デュ サンス ゆニック)

Point 禁止を表す看板には、"Défense de 〜"、"Prière de ne pas 〜"、" 〜 interdit/e" などの表現があります。観光旅行で注意したいのが写真撮影です。お城・美術館・カジノなどでは、撮影禁止のところが多いようです。また写真はＯＫでも、フラッシュは禁止というところもあります。

197

UNIT 92
CD-92

■ 経験を尋ねる
(あなたは)　〜したことがありますか。

3	2	1
日本へ	行った	ことが（あなたは）ありますか。
ユーロディズニーへ		
日本の歌舞伎を	見た	
フレンチポップスを	聞いた	
刺身を	食べた	

語句を覚えよう！

vous êtes allé/e ヴ　ゼットアレ	あなたは行った	japonais ジャポネ	日本の
déjà デジャ	ことがある (＝すでに)	vous avez écouté ヴ　ザヴェエクテ	あなたは聞いた
au Japon オ　ジャポン	日本へ	pop française ポップ　フランセーズ	フレンチポップス
à Euro Disney ア うーろ ディズネ	ユーロディズニーへ	vous avez mangé ヴ　ザヴェ マンジェ	あなたは食べた
vous avez vu ヴ　ザヴェ ヴュ	あなたは見た	sushi スシ	寿司

UNIT 92 / CD 92

Vous êtes déjà ～ ?
Vous avez déjà ～ ?

1	2	3
Vous êtes déjà ヴ ゼット デジャ	**allé/e** アレ	**au Japon?** オ ジャポン
		à Euro Disney? ア うーろ ディズネ
	vu ヴュ	**du kabuki japonais?** デュ カブキ ジャポネ
Vous avez déjà ヴ ザヴェ デジャ	**écouté** エクテ	**de la pop française?** ドゥ ラ ポップ フランセーズ
	mangé マンジェ	**du sashimi?** デュ サシミ

mini 会話

A：日本にあるディズニーランドへ行ったことがありますか。
B：ええ、2年前に。
A：では、フランスにあるユーロディズニーへ行ったことがありますか。
B：いいえ、まだです。

Vous êtes déjà allé à Disneyland au Japon?
ヴ ゼット デジャ アレ ア ディズネランド オ ジャポン
Oui, il y a deux ans.
ウィ イ リ ア ドゥー ザン
Alors, vous êtes déjà allé à Euro Disney en France?
アロール ヴ ゼット デジャ アレ ア うーろ ディズネ アン フランス
Non, pas encore.
ノン パ ザンコーる

Point aller「行く」を過去にする時は、助動詞は être（英語の be）を使って「vous（主語）+ êtes（助動詞）+ allé/e（過去分詞）」とします。これに対し、voir「見る」を過去にする時は、助動詞 avoir（英語の have）を使って「vous（主語）+ avez（助動詞）+ vu（過去分詞）」とします。どちらの助動詞を使うかは、動詞によって決まっています。

UNIT 93 ● 経験を語る（1）
CD-93

私は～したことがあります。

3	2	1
そこへ	行った	ことが （私は） あります。
ノートルダム大聖堂へ		
モナリザを	見た	
フランスのシャンソンを	聞いた	
エスカルゴを	食べた	

語句を覚えよう！

là-bas ラバ	そこへ	chanson 🔊 シャンソン	シャンソン
cathédrale 🔊 キャテドラル de Notre-Dame ドゥ ノートる ダム	ノートルダム大聖堂	français/e フrandセ/ーズ	フランスの
je suis allé/e ジュ スィ アレ	私は行った	j'ai écouté ジェ エクテ	私は聞いた
la Joconde 🔊 ラ ジョコンド	モナリザ	escargot 🔊 エスキャるゴ	エスカルゴ
j'ai vu ジェ ヴュ	私は見た	j'ai mangé ジェ マンジェ	私は食べた

UNIT 93 / CD-93

Je suis déjà 〜.
J'ai déjà 〜.

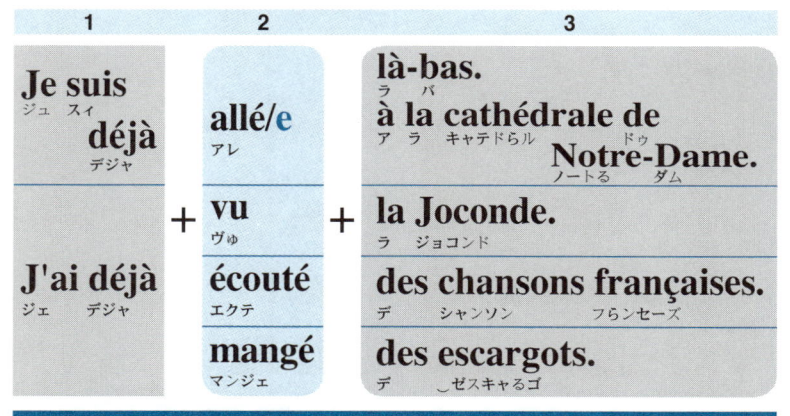

1	2	3
Je suis déjà (ジュ スィ デジャ)	**allé/e** (アレ)	**là-bas.** (ラ バ) / **à la cathédrale de Notre-Dame.** (ア ラ キャテドらル ドゥ ノートるダム)
	+ **vu** (ヴュ) +	**la Joconde.** (ラ ジョコンド)
J'ai déjà (ジェ デジャ)	**écouté** (エクテ)	**des chansons françaises.** (デ シャンソン フらンセーズ)
	mangé (マンジェ)	**des escargots.** (デ ゼスキャるゴ)

mini 会話

A：エスカルゴを食べたことがありますか。
Vous avez déjà mangé des escargots?
(ヴ ザヴェ デジャ マンジェ デ ゼスキャるゴ)

B：ええ、それは食べたことがあります。
Oui, j'en ai déjà mangé.
(ウィ ジャン ネ デジャ マンジェ)

A：じゃあ、「豚の足」は？
Et du pied de cochon?
(エ デュ ピエ ドゥ コション)

B：いいえ、まだです。
Non, pas encore.
(ノン パ ザンコーる)

Point Au Pied de Cochon（オ ピエ ドゥ コション）は、パリにある有名レストランです。pied は足、cochon は豚という意味で、文字通り、豚の足の料理が出ます。豚の足がそのままの形で出てくるのでちょっとびっくりしますが、味はおいしいのでお試しください。この店のオニオングラタンも名物料理です。

UNIT 94 経験を語る（2）
私は〜したことがない。

3	2	1
ケベック カメルーン 印象派の絵 フランスの小説 を ドイツ語 　　　へ	行った 見た 読んだ 勉強した	ことが （私は） ない。

語句を覚えよう！

Québec ケベック	ケベック州	j'ai lu ジェ リュ	私は読んだ
Cameroun カムるン	カメルーン （国）	allemand アルマン	ドイツ語
impressionniste あンプれスィヨニスト	印象派の	j'ai étudié ジェ エテュディエ	私は勉強した
tableau タブロー	絵	la Vénus ラ ヴェニゅス de Milo ドゥ ミロ	ミロの ヴィーナス
roman ろマン	小説	le Penseur ル パンスーる	考える人

UNIT 94 — CD-94
Je ne suis jamais 〜．
Je n'ai jamais 〜．

1	2	3
Je ne suis jamais ジュ ヌ スィ ジャメ	**allé/e** アレ	**au Québec.** オ ケベック **au Cameroun.** オ カムルン
Je n'ai jamais ジュ ネ ジャメ	**vu** ヴュ	**de tableau impressionniste.** ドゥ タブロー アンプれスィヨニスト
	lu リュ	**de roman français.** ドゥ ろマン フらンセ
	étudié エテュディエ	**l'allemand.** ラルマン

mini 会話

A：印象派の絵を見たことがありません。
　Je n'ai jamais vu de tableau impressionniste.
　ジュ ネ ジャメ ヴュ ドゥ タブロー アンプれスィヨニスト

B：オルセー美術館へ行ったことがないのですか。
　Vous n'êtes jamais allé au Musée d'Orsay?
　ヴ ネット ジャメ アレ オ ミュゼ ドるセー

A：一回もありません。
　Non, jamais.
　ノン ジャメ

Point 英語の never にあたるのが、ne ... jamais という表現です。ne がありますので、これは否定文の一種です。普通の否定は ne ... pas で動詞を挟みますが、「〜したことがない」は ne ... jamais で動詞を挟みます。ここでは過去時制で助動詞を使っていますので、例えば Je n'ai jamais vu 〜のように、助動詞の部分を ne ... jamais で挟むことになります。

UNIT 95
CD-95

■ 知っているかどうかを聞く

（あなたは）〜をご存知ですか。

2

首相
フランスの大統領
誰なのか
新しい情報
日本の相撲

を

1

（あなたは）
ご存知ですか。

語句を覚えよう！

Premier ministre ♠ プるミエ ミニストる	首相	le mont ♠ Fuji ル モン フジ	富士山
président/e プれズィダン/ト	大統領	la tour ♡ de Tokyo ラ トゥーる ドゥ トキヨ	東京タワー
qui キ	誰	mon site Internet モン スィット アンテるネット	私のホームページ
dernières informations (複) ♡ デるニエーる ザンフォるマスィヨン	新しい情報	logiciel ♠ Excel ロジスィエル エクセル	エクセルというソフト
sumo ♠ japonais スモー ジャポネ	日本の相撲	jeu ♠ vidéo Wario ジュー ヴィデオ ワリオ	ワリオというテレビゲーム

204

UNIT 95
Vous connaissez ～ ?

Vous connaissez (ヴ コネッセ) +
- **le Premier ministre?** (ル プるミエ ミニストる)
- **le président de la France?** (ル プれズィダン ドゥ ラ フらンス)
- **qui?** (キ)
- **les dernières informations?** (レ デるニエール ザンフォるマスィヨン)
- **le sumo japonais?** (ル スモー ジャポネ)

mini 会話

A：日本の相撲をご存知ですか。

Vous connaissez le sumo japonais?
(ヴ コネッセ ル スモー ジャポネ)

B：ええ、テレビで。フランスの大統領、ジャック・シラクは相撲が大好きなんですよ。

Oui, à la télé. Le président de la France, Jacques Chirac, aime beaucoup le sumo.
(ウィ ア ラ テレ ル プれズィダン ドゥ ラ フらンス ジャック シらック エム ボクー ル スモー)

Point フランスには、大統領と首相の両方がいます。大統領は国民の直接選挙で選ばれます。首相は国会議員選挙の度に変わることがありますが、大統領は1度就任したら5年間辞めなくてよいことになっています。この quinquennat（カンケナ）「5年の任期」も以前までは7年でしたが、référendum（れフェらンドム）「国民投票」により改正されました。それにしてもずいぶん長いですね。

UNIT 96
CD-96

■ 助言を求める表現
〜を助言してくださいませんか。

3	2	1
いいレストラン 一番安いお店 私に似合う物 どこへ行けばいいか どうすればいいか　を	私に助言して	くださいませんか。

語句を覚えよう！

un bon restaurant ♠ アン ボン れストらン	いいレストラン	où aller ウ アレ	どこへ行けばいいか
la moins chère ラ モワン シェーる	一番安い	comment faire コマン フェーる	どうすればいいか
boutique 💙 ブティック	店	spécialité 💙 スペスィアリテ	お勧め料理
qui me va bien キ ム ヴァ ビあン	私に似合う	en promotion アン プろモスィヨン	お買い得品
quelque chose ケルク ショーズ	(何かの) 物	spécialité 💙 スペスィアリテ de la région ドゥ ラ れジヨン	地元の名産品

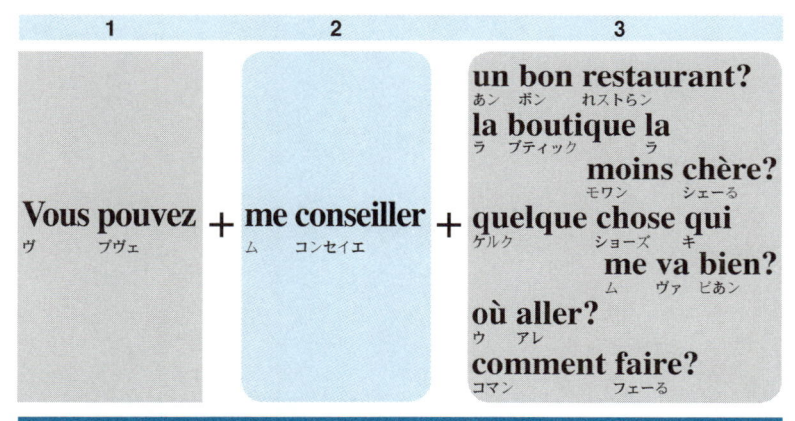

UNIT 96 Vous pouvez me conseiller 〜?

CD-96

1	2	3
Vous pouvez ヴ プヴェ	**me conseiller** ム コンセイエ	**un bon restaurant?** アン ボン れストらン **la boutique la moins chère?** ラ ブティック ラ モワン シェーる **quelque chose qui me va bien?** ケルク ショーズ キ ム ヴァ ビあン **où aller?** ウ アレ **comment faire?** コマン フェーる

mini 会話

A：香水を買うのには、どこのお店がいいか助言してください。

Vous pouvez me conseiller une boutique pour acheter des parfums?
ヴ プヴェ ム コンセイエ ユヌ ブティック プーる アシュテ デ パるファン

B：パストゥール通りのコスメがいいですよ。安いし、製品が豊富だから。

Allez à Cosmé, rue Pasteur. C'est moins cher, et il y a beaucoup de produits.
アレ ア コスメ りゅ パストゥーる セ モワン シェーる エ イリア ボクー ドゥ プろデュイ

Point 英語の more 〜（より〜な）にあたるのが、plus 〜です。〜の部分には、cher「高い」などの形容詞を入れます。the most 〜（一番〜な）は、「le/la/les（定冠詞）＋ plus ＋形容詞」です。これに対し、less 〜（より〜でない）は moins 〜、そして the least 〜（一番〜でない）は「le/la/les（定冠詞）＋ moins ＋形容詞」です。

Part 3

とっさの時に役立つ
単語集 2800

名詞の男性形、女性形、複数形はそれぞれ △、▽、（複）と表示。女性形で形が変わる場合は青字で表示。重要語句はゴシック表示。

あ

愛／愛する
amour △ アムーる／ aimer エメ
＜私はあなたが好きです＞
je vous aime ジュ ヴ ゼーム
挨拶する saluer サリュエ
愛情 affection △ アフェクスィヨン
アイスクリーム
glace △ グラス
間 espace △ エスパス
空いている
vacant/e ヴァカン/ト
会う voir ヴォワーる
青／青い bleu △ ブルー／ bleu/e ブルー
赤／赤い rouge △ るージュ
／ rouge るージュ
赤ちゃん bébé △ ベベ
明るい clair/e クレーる
秋 automne △ オトンヌ
諦める renoncer à ~ るノンセア
飽きる se lasser de ~ ス ラセ ドゥ
開く／開ける
s'ouvrir スヴりーる
／ ouvrir ウヴりーる
握手する serrer la main せれ ラ マン
顎（あご）menton △ マントン
朝 matin △ マタン
麻 lin △ ラン
浅い peu profond/e
プー プろフォン/ド
明後日 après-demain アプれ ドゥマン
脚／足 jambe △ ジャンブ

／ pied △ ピエ
味 goût △ グー
アジア Asie ▽ アズィ
明日 demain ドゥマン
預かる／預ける
garder ギャるデ／ laisser レセ
汗 sueur ▽ スゥゥーる
遊ぶ jouer ジュエ
与える donner ドネ
暖かい doux/ce ドゥー/ス
頭 tête ▽ テット
新しい nouveau/elle ヌヴォー/ヴェル
あちら là ラ／ là-bas ラバ
厚い épais/se エペ/ス
熱い chaud/e ショー/ド
お湯 l'eau chaude ロー ショード
暑い chaud/e ショー/ド
＜今日は暑い＞
il fait chaud aujourd'hui
イル フェ ショー オジュるデュイ
集まる se rassembler ス らサンブレ
集める rassembler らサンブレ
後／〜の後
après ~ アプれ
後で plus tard プリュ ターる
あなた／あなたがた
vous ヴ
兄 grand frère △ グらン フれーる
姉 grande sœur ▽ グらンド スーる
あの ce △ ス／ cette ▽ セット
／ ces （複）セ
アフターサービス
service après-vente △
せるヴィス アプれ ヴァント
危ない（危険）
dangereux/se ダンジュるー/ズ

210

油	huile ゆイル
甘い	doux/ce ドゥ/ス
雨	pluie プリゅイ
<雨が降る>	il pleut イル プルー
アメリカ	États-Unis (複) エタ_ズゅニ
謝る	s'excuser セクスキゅゼ
洗う	laver ラヴェ
ありがとう	merci メルスィ
歩く	marcher マるシェ
あれ	ça サ／cela スラ
暗記する	apprendre par cœur アプらンドる パる クーる
安心／安心する	sécurité セキゅりテ／se rassurer ス らスゅれ
安全な	sûr/e スゅーる
案内する	guider ギデ

い

胃	estomac エストマ
<胃が痛い>	j'ai mal à l'estomac ジェ マラ レストマ
いい(よい)	bon/ne ボン/ヌ
いいえ	non ノン
言う	dire ディーる
家	maison メゾン
いかがですか	
<コーヒーはいかがですか。>	Voulez-vous du café? ヴレヴ デゅ キャフェ
<金曜日はいかがですか。>	Vendredi vous convient? ヴァンドるディ ヴ コンヴィあン
怒る	se fâcher ス ファシェ
息	haleine アレヌ
息苦しい	étouffant/e エトゥファン/ト
生きる	vivre ヴィーヴる
イギリス	Angleterre アングルテーる
行く	aller アレ
いくつ	combien de コンビあン ドゥ
いくら	combien コンビあン
いくらか	quelques ケルク
池	étang エタン
意見	opinion オピニヨン
居心地がいい	confortable コンフォるターブル
石	pierre ピエーる
医師／医者	médecin メドサン
意志	volonté ヴォロンテ
以上	plus de プリゅ ドゥ
異常	anormal/e アノるマル
意地悪い	méchant/e メシャン/ト
椅子	chaise シェーズ
いずれにせよ／ともかく	de toute façon ドゥ トゥート ファソン
遺跡	vestiges (複) ヴェスティージュ
忙しい	occupé/e オキゅペ
急ぐ	se dépêcher ス デペシェ
痛い／痛み／痛む	douloureux/se ドゥルるー/ズ／douleur ドゥルーる／avoir mal à ~ アヴォワーる マラ
炒める／野菜炒め	faire sauter フェる ソテ／légumes sautés (複) レギゅーム ソテ
一	un あン
一時間	une heure ゆヌーる
一度	une fois ゆヌ フォワ
一日中	toute la journée

		トゥート ラ ジュるネ
市場	marché	◘ マルシェ
いちじるしい		
	considérable	
		コンスィデらーブル
いつ	quand	カン
いつか	un jour	あン ジューる
一生懸命	de toutes ses forces	
		ドゥ トゥート セ フォるス
一緒に	avec	アヴェック
	／ ensemble	アンサンブル
いつでも	n'importe quand	
		ナンポるト カン
〜でいっぱい	plein de 〜	プラン ドゥ
一般に	en général	アン ジェネらル
いつまでも		
	éternellement	エテるネルマン
いつも	toujours	トゥージューる
糸	fil	◘ フィル
従兄弟（いとこ）		
	cousin/e	クザン／ズィンヌ
田舎	campagne	◘ カンパーニュ
犬	chien	◘ シあン
命	vie	◘ ヴィ
祈る	prier	プリエ
威張る	être fier de	
		エートる フィエーる ドゥ
衣服	vêtement	◘ ヴェットマン
今	maintenant	マントナン
居間	salle de séjour	◘
		サル ドゥ セジューる
意味	sens	◘ サンス
Eメール	mail ◘ メル／ courriel	◘クリエル
妹	petite sœur	◘ プティット スーる
いやしい	ignoble	イニョーブル
嫌だ	je n'aime pas 〜	

		ジュ ネーム パ
いらっしゃいませ		
	Je peux vous aider?	
		ジュ プー ヴ_ゼデ
	／ Vous désirez?	ヴ デズィれ
入口	entrée	◘ アントれ
要る	avoir besoin de 〜	
		アヴォワーる ブゾワン ドゥ
いらない	ne pas avoir besoin de 〜	
		ヌ パ_ザヴォワーる ブゾワン ドゥ
入れる	mettre	メットる
色	couleur	◘ クルーる
祝う	célébrer	セレブれ
印刷／印刷する		
	impression	◘ あンプれスィヨン
	／ imprimer	あンプリメ
印象	impression	◘ あンプれスィヨン
インターネット		
	Internet	◘ あンテるネット
インド／インド人		
	Inde	◘ あンド
	／ Indien/ne	あンディあン／エンヌ

う

ウイスキー	whisky	◘ ウィスキ
ウール	laine	◘ レーヌ
上	sur	スューる
	／ au-dessus	オ ドゥッスゅ
ウエスト	taille	◘ ターイ
ウェブ	web ◘ ウェブ／ Toile	◘ トワル
雨季	saison des pluies	◘
		セゾン デ プリュイ
受付	réception	◘ れセプスィヨン
受け取る	recevoir	るスヴォワーる
動く／動かす	bouger	ブジェ
	／ remuer	るミゅエ

牛	bœuf ◘ ブフ／bœufs（複）ブー
失う	perdre ぺるドる
後ろ	derrière デりエーる
薄い	mince マンス
嘘(うそ)	mensonge ◘ マンソンジュ
歌	chanson ◘ シャンソン

＜歌をうたう＞
　　　　chanter une chanson
　　　　シャンテ ゆヌ シャンソン

疑う	douter de ドゥテ ドゥ
疑わしい	douteux/se ドゥトゥー/ズ
家(うち)／〜の家	
	maison ◘ メゾン／chez 〜 シェ
撃つ	tirer ティれ
美しい	beau/belle ボー/ベル
写す	prendre プらンドる

＜写真を写す＞
　　　　prendre une photo
　　　　プらンドる ゆヌ フォト

腕	bras ◘ ブら
腕時計	montre ◘ モントる
うどん	nouilles ◘（複）ヌーイ
奪う	priver de プりヴェ ドゥ
馬	cheval ◘ シュヴァル／chevaux（複）シュヴォー
うまい(おいしい)	bon/ne ボン/ヌ
うまく(上手に)	bien ビあン
生まれる	naître ネートる
海	mer ◘ メーる
海の幸	fruits de mer ◘(複) フりゅイ ドゥ メーる
生む	produire プろデュイーる
産む	donner naissance à 〜 ドネ ネサンス ア
恨む	en vouloir à 〜 アン ヴロワーる ア

うらやむ／ねたむ
　　　　envier アンヴィエ

売る／売れる	vendre ヴァンドる／se vendre ス ヴァンドる
うるさい	bruyant/e ブりゅイアン/ト
嬉しい	être heureux/se エートる うーるー/ズ
浮気する	tromper トろンペ
上着	veste ◘ ヴェスト
噂	rumeur ◘ りゅムーる
運	chance ◘ シャンス

＜運がよい＞ avoir de la chance
　　　　アヴォワーる ドゥ ラ シャンス

運河	canal ◘ キャナル／canaux（複）キャノー
運送	transport ◘ トらンスポーる
運賃	frais de transport ◘(複) フれ ドゥ トらンスポーる
運転／運転する	conduite ◘ コンデュイット／conduire コンデュイーる
運転免許証	permis de conduire ◘ ぺるミ ドゥ コンデュイーる
国際運転免許証	permis de conduire international ◘ ぺるミ ドゥ コンデュイーる あンテるナスィヨナル
運動	exercice ◘ エグゼるスィス／sport ◘ スポーる
運動場（競技場）	stade ◘ スタッド
運命	destin ◘ デスタン

え

絵	peinture ◘ パンテゅーる
エアコン	climatiseur ◘

	クリマティズーる			aide ◘ エッド／aider エデ
エアメール	lettre par avion ◘		炎症	inflammation ◘
	レットる パらヴィヨン			アンフラマスィヨン
映画	cinéma ◘ スィネマ		演説／演説する	discours ◘ ディスクーる
	／film ◘ フィルム			／faire un discours
＜私は映画が好きだ＞				フェーる アン ディスクーる
	j'aime le cinéma		鉛筆	crayon ◘ クれイヨン
	ジェ ム ル スィネマ		遠慮／遠慮する	
＜私は映画を観た＞				discrétion ◘
	j'ai regardé un film			ディスク れスィヨン
	ジェ る ギャるデ アン フィルム			／se gêner ス ジェネ

お

映画館	cinéma ◘ スィネマ			
英語	anglais ◘ アングレ		尾	queue ◘ クー
衛星	satellite ◘ サテリット		おいしい	bon/ne ボン/ヌ
栄誉	honneur ◘ オヌーる			／délicieux/se デリスィうー/ズ
栄養	nutrition ◘ ニュトりスィヨン		扇	éventail ◘ エヴァンターイ
描く	dessiner デスィネ		王宮	palais royal ◘ パレ ろワイヤル
駅			応急手当	premiers soins ◘（複）
（鉄道の）	gare ◘ ギャーる			プるミエ ソワン
（地下鉄の）	station ◘ スタスィヨン		王様	roi ◘ ろワ
エスカレーター			横断歩道	passage clouté ◘
	escalator ◘ エスカラトーる			パサージュ クルテ
えび	crevette ◘ クるヴェット		往復	aller ◘ et retour ◘
絵本	livre d'images ◘			アレ エ るトゥーる
	リーヴる ディマージュ		往復切符	billet aller-retour ◘
偉い	grand/e グらン/ド			ビエ アレるトゥーる
選ぶ	choisir ショワズィーる		多い	nombreux/se ノンブるー/ズ
エレベーター			大いに	très トれ
	ascenseur ◘ アサンスーる		大きい	grand/e グらン/ド
延期／延期する			大きさ	grandeur ◘ グらンドゥーる
	report ◘ るポーる		オーケー	d'accord ダッコーる
	／reporter るポるテ		大通り	boulevard ◘ ブルヴァーる
演劇	théâtre ◘ テアートる			／avenue ◘ アヴニゅ
エンジニア			オートバイ	moto ◘ モト
	ingénieur ◘ あンジェニうーる		おかしい	
援助／援助する				

214

（妙な）bizarre ビザーる
（おもしろい）drôle ドロール
（怪しい）louche ルーシュ
おかず　plat d'accompagnement 🔊
　　　　プラ ダコンパニュマン
起きる（目を覚ます）
　　　　se réveiller ス れヴェイエ
億　　　cent millions サン ミリヨン
　２億　deux cents millions
　　　　ドゥー サン ミリヨン
置く　　mettre メットる
奥さん　madame 🔊 マダム
臆病者／臆病な
　　　　peureux/se プーるー/ズ
送る
　（物を送る）envoyer
　　　　アンヴォワイエ
　（人を見送る）accompagner
　　　　アコンパニェ
遅れる　être en retard
　　　　エートる アン るターる
起こす　relever るルヴェ
怒る　　se fâcher ス ファシェ
起こる　se produire ス プろデュイーる
　＜事件が起こった＞
　　　　un événement s'est produit
　　　　あん⌣ネヴェヌマン セ プろデュイ
　＜火事が起こった＞
　　　　un incendie s'est déclaré
　　　　あん⌣ナンサンディ セ デクラれ
伯父（おじ）oncle 🔊 オンクル
おじいさん grand-père 🔊 グランペーる
教える　enseigner アンセニェ
押す　　pousser プセ
雄（おす）mâle 🔊 マル
お世辞　compliment 🔊
　　　　コンプリマン
遅い（速度）lent/e ラン/ト
　（時間）tard ターる
襲う　　attaquer アタケ
恐ろしい terrible テリーブル
落ちついた tranquille トランキル
落ちる　tomber トンベ
夫　　　mari 🔊 マリ
音　　　son 🔊 ソン
弟　　　petit frère 🔊 プティ フれーる
男　　　homme 🔊 オム
脅す　　menacer ムナセ
訪れる　visiter ヴィズィテ
おととい／おととし
　　　　avant-hier アヴァン⌣ティエーる
　　　　／il y a deux ans
　　　　イリア ドゥー⌣ザン
大人　　adulte 🔊 アデュルト
おとなしい tranquille トランキル
踊る　　danser ダンセ
驚く／驚かす s'étonner セトネ
　　　　／étonner エトネ
同じ　　même メーム
叔母（おば）tante 🔊 タート
おばあさん grand-mère 🔊 グランメーる
おはよう bonjour ボンジューる
オフィス bureau 🔊 ビュろー
オペレーター opérateur/trice
　　　　オペらトゥール/トリス
覚える　mémoriser メモリゼ
オムレツ omelette 🔊 オムレット
おめでとう！Félicitations !
　　　　フェリスィタスィヨン
重い　　lourd/e ルーる/ド
思い出／思い出す
　　　　souvenir 🔊 スヴニーる

	／ se souvenir de ~ ス スヴニーる ドゥ
思う	penser à ~ パンセ ア
おもしろい（関心を引く）	
	intéressant/e アンテレッサン/ト
	（楽しくさせる）amusant/e アミュザン/ト
主な	principal/e プランスィパル
親	parents パらン
おやすみなさい	
	bonne nuit ボンヌ ニュイ
泳ぐ	nager ナジェ
降りる	descendre デサンドる
	＜バスを降りる＞
	descendre de bus デサンドる ドゥ ビュス
	＜地下室に降りる＞
	descendre à la cave デサンドる ア ラ キャーヴ
お礼	remerciement ◘ るメるスィマン
折れる	se casser ス カッセ
オレンジ	orange ◘ オらンジュ
オレンジ色	orange ◘ オらンジュ
オレンジジュース	
	jus d'orange ◘ ジュ ドらンジュ
愚かな	stupide ステュピッド
終わり／終わる	
	fin ◘ ファン／ finir フィニーる
音楽	musique ◘ ミュズィク
温泉	source thermale ◘ スるス テるマル
温度	température ◘ タンぺらテューる
女	femme ◘ ファム

	オンライン en ligne アン リーニュ

か

蚊	moustique ◘ ムスティク
ガールフレンド	petite amie ◘ プティタミ
階	étage ◘ エタージュ
3階	troisième étage ◘ トロワズィエム エタージュ
海外の	étranger/ère エトらンジェ/ーる
海外旅行	voyage à l'étranger ◘ ヴォワイヤージュ ア レトらンジェ
海岸	plage ◘ プラージュ
会議	réunion ◘ れユニヨン
海軍	armée de mer ◘ アるメ ドゥ メーる
会計	comptabilité ◘ コンタビリテ
外国	pays étranger ◘ ペイ エトらンジェ
外国語	langue étrangère ◘ ラング エトらンジェーる
外国人	étranger/ère エトらンジェ/ーる
会社	entreprise ◘ アントるプリーズ
会社員	employé/e アンプロワイエ
外出／外出する	sortie ◘ ソるティ／ sortir ソるティーる
快晴	temps magnifique ◘ タン マニフィック
解説する	commenter コマンテ
改善／改善する	
	amélioration ◘ アメリヨらスィヨン／ améliorer アメリヨれ
階段	escalier ◘ エスカリエ
快適な	confortable コンフォるターブル

ガイド	guide ギッド
開発／開発する	mise au point ミーゾ ポワン ／ mettre au point メットる オ ポワン
＜新製品を開発する＞	mettre au point un nouveau produit メットる オ ポワン あん ヌヴォー プロデュイ
買物	courses （複）クるス
＜買物をする＞	faire des courses フェーる デ クるス
会話	conversation コンヴェるサスィヨン
＜会話をする＞	faire la conversation avec ~ フェーる ラ コンヴェるサスィヨン アヴェック
買う	acheter アシュテ
飼う	avoir アヴォワーる
カウンター	comptoir コントワーる
返す	rendre らンドる
換える	échanger ~ contre ... エシャンジェ ~ コントる …
変える	changer シャンジェ
帰る	rentrer らントれ
顔	visage ヴィザージュ
顔色	teint タン
香り	parfum パるファン
価格	prix プリ
化学	chimie シミ
科学	science スィアンス
鏡	miroir ミろワーる
係員	préposé/e プれポゼ
かかる（時間が）	il faut イル フォー
＜3時間かかる＞	il faut trois heures イル フォー トろワ ズーる
柿	kaki カキ
牡蠣（カキ）	huître ゆイートる
鍵	clef クレ
書留	recommandé るコマンデ
書く	écrire エクりーる
描く（絵を）	peindre パンドる
家具	meuble ムーブル
確実な	sûr/e スゅーる
学者	savant サヴァン
学習／学習する	étude エテゅッド ／ étudier エテゅディエ
学生	étudiant/e エテゅディアン/ト
拡大／拡大する	agrandissement アグらンディスマン ／ agrandir アグらンディーる
学長	président d'université プれズィダン デゅニヴェるスィテ
確認／確認する	confirmation コンフィるマスィヨン ／ confirmer コンフィるメ
学年	année scolaire アネ スコレーる
学部	faculté ファキゅルテ
経済学部	faculté des sciences économiques ファキゅルテ デ スィアンス ゼコノミック
革命	révolution れヴォリゅスィヨン
学問	science スィアンス
学歴	formation フォるマスィヨン
影／陰	ombre オンブる
賭ける	parier パリエ
掛ける	accrocher アクロシェ
（水を掛ける）	arroser アろゼ

	＜2掛ける3は6＞		課長	chef du bureau 🔊
	deux multiplié par trois, ça fait six			シェフ デュ ビュろー
	ドゥー ミュルティプリエ パる		勝つ	gagner ガニェ
	トろワ サ フェ スィス		学科	section 🔊 セクスィヨン
過去	passé 🔊 パセ		がっかりする	
傘	parapluie 🔊 パらプリュイ			être déçu/e エートる デスュ
飾る	décorer デコれ		学期	semestre 🔊 スメストる
菓子	sucreries 🔊（複）スュクるり			／ trimestre 🔊 トりメストる
火事	incendie 🔊 あンサンディ		楽器	instrument de musique 🔊
賢い	intelligent/e あンテリジャン/ト			あンストりュマン ドゥ ミュズィック
過失	erreur 🔊 エるール		かっこいい	
歌手	chanteur/se シャントゥーる/ズ			super スュペーる
貸す	prêter プれテ		かっこ悪い	mal fait/e
	＜お金を貸す＞ prêter de l'argent			マル フェ/ット
	プれテ ドゥ らルジャン		学校	école 🔊 エコール
数	nombre 🔊 ノンブる		勝手に	à sa guise ア サ ギーズ
ガス	gaz 🔊 ガーズ		家庭	famille 🔊 ファミーユ
風	vent 🔊 ヴァン		角	coin 🔊 コワン
風邪	rhume 🔊 りュム		家内	ma femme 🔊 マ ファム
	＜風邪をひく＞ attraper un rhume		かなわない（願いなどが）	
	アトらペ あン りュム			ne pas se réaliser ヌ パ ス れアリゼ
数える	compter コンテ		悲しい	triste トりスト
	＜お金を数える＞ compter de l'argent		悲しむ	se sentir triste
	コンテ ドゥ らるジャン			ス サンティーる トりスト
家族	famille 🔊 ファミーユ		必ず	sans faute サン フォート
ガソリン	essence 🔊 エサンス			＜必ず行く＞ aller sans faute
	ガソリンスタンド			アレ サン フォート
	station-service 🔊		かなり	assez アセ
	スタスィヨン セるヴィス		～がかなり上手	être assez habile à ~
肩	épaule 🔊 エポール			エートる アセ アビル ア
固い	dur/e デュール		かに	crabe 🔊 クらブ
片づける	ranger らンジェ		金（お金）argent 🔊 アるジャン	
片道	aller 🔊 アレ			＜金を払う＞ payer ペイエ
	片道切符 billet aller 🔊 ビエ アレ		金持ちの riche りシュ	
語る	raconter らコンテ		彼女	elle エル
価値	valeur 🔊 ヴァルーる		かばん	sac 🔊 サック

花瓶	vase ヴァーズ			ス サンティーる ルーる/ド
株	action アクスィヨン		カリキュラム	
被る	mettre メットる			programme d'études
壁	mur ミゅーる			プろグらム デトゥード
貨幣	monnaie モネ		仮縫いする	faufiler フォーフィレ
かぼちゃ	potiron ポティろン		**借りる**	emprunter アンプらンテ
我慢する(耐える)	supporter スゅポるテ		＜金を借りる＞	
神(様)	Dieu ディゅー			emprunter de l'argent
紙	papier パピエ			アンプらンテ ドゥ らるジャン
髪	cheveu シュヴー		軽い	léger/ère レジェ/ーる
髪をとかす	se peigner ス ペニェ		**彼**	il イル
かみそり	rasoir らゾワーる		カレー	curry キゅり
噛む	mordre モるドる		カレーライス	riz au curry りオキゅり
カメラ	appareil photo		カレンダー	calendrier キャらンドりエ
	アパれーイ フォト		カロリー	calorie キャろり
デジカメ			川	rivière りヴィエーる
	appareil photo numérique		皮	peau ポー
	アパれーイ フォト ニゅメりック		かわいい	mignon/ne ミニヨン/ヌ
画面	écran エクらン		かわいそう	infortuné/e アンフォるテュネ
科目	matière マティエーる		乾く／乾かす	sécher セシェ
かゆい	démanger à 〜 デマンジェ ア		代わりに	à la place de 〜 ア ラ プラス ドゥ
＜背中がかゆい＞			変わる	changer シャンジェ
	le dos me démange		〜間(かん)	pendant 〜 パンダン
	ル ド ム デマンジュ		1年間	pendant un an
火曜日	mardi マるディ			パンダン あン_ナン
〜から	de 〜 ドゥ		缶	boîte ボワット
カラオケ	karaoké カらオケ		癌(がん)	cancer キャンセーる
カラーテレビ			肝炎	hépatite エパティット
	télévision en couleurs		眼科	ophtalmologie オフタルモロジ
	テレヴィズィヨン アン クルーる		**考え／考える**	pensée パンセ
辛い／辛味の	piquant/e ピカン/ト			／ penser パンセ
辛子	moutarde ムタるド		＜問題を考える＞	penser à ce problème
カラス	corbeau こるボー			パンセ ア ス プろブレム
ガラス	verre ヴェーる		感覚	sens サンス
体・身体	corps コーる		間隔	intervalle あンてるヴァル
＜体がだるい＞	se sentir lourd/e		乾季	saison sèche セゾン セッシュ

環境	environnement ◘ アンヴィろヌマン			＜お勘定してください＞ l'addition, s'il vous plaît ラディスィヨン スィル ヴ プレ
缶切り	ouvre-boîte ◘ ウーヴる ポワット		感じる	sentir サンティーる
関係	relation ◘ るラスィヨン		関心／〜に関心がある intérêt ◘ アンテれ ／ s'intéresser à 〜 サンテれッセ ア
	国際関係 relations internationales ◘（複） るラスィヨン あンテるナスィヨナル		関節	articulation ◘ アるティキュラスィヨン
	＜私は関係ない＞ ça ne me regarde pas サ ヌ ム るギャるド パ		肝臓	foie ◘ フォワ
			勘違いをする se méprendre sur 〜 ス メプらンドる スューる
歓迎／歓迎する accueil◘アクーイ ／ faire bon accueil à 〜 フェーる ボン ナクーイ ア			官庁	bureau gouvernemental ◘ ビュロー グヴェるヌマンタル
看護／看護する soins ◘（複） ソワン ／ soigner ソワニェ				官庁街 quartier des ministères ◘ キャるティエ デ ミニステーる
看護士／婦 infirmier/ère あンフィらミエ/ーる			缶詰	conserve ◘ コンセるヴ
			乾電池	pile ◘ ピル
観光	tourisme ◘ トゥりスム		頑張る	faire de son mieux フェーる ドゥ ソン ミューー
	観光旅行 voyage touristique ◘ ヴォワイヤージュ トゥりスティック		看板	enseigne ◘ アンセーニュ
（〜に）関しては en ce qui concerne アン ス キ コンセるヌ			慣用句	locution figée ◘ ロキュスィヨン フィジェ
観察／観察する observation ◘ オブぜるヴァスィヨン ／ observer オブぜるヴェ			管理する gérer ジェれ 管理人 gérant/e ジェらン/ト 完了／完了する achèvement ◘ アシェーヴマン ／ s'achever サシュヴェ
漢字	caractère chinois ◘ キャらクテーる シノワ			
感謝／感謝する remerciement ◘ るめるスィマン ／ remercier るめるスィエ			# き	
患者	patient/e パスィアン/ト		気に入る aimer エメ	
感情	sentiment ◘ サンティマン		気にしない ne pas se soucier de 〜 ヌ パス ススィエ ドゥ	
勘定／勘定する addition ◘ アディスィヨン ／ régler l'addition れグレ ラディスィヨン			気をつける faire attention à 〜 フェーる アタンスィヨン ア	
			木／樹　arbre ◘ アるブる	
			黄色／黄色い jaune ◘ ジョーヌ	

	／ jaune ジョーヌ
消える	disparaître ディスパレートる
記憶	mémoire ◘ メモワーる
機会	occasion ◘ オカズィヨン
機械	machine ◘ マシンヌ
議会	parlement ◘ パるルマン
気軽に	sans cérémonies サン セレモニ
期間	durée ◘ デゅれ
機関	organisation ◘ オるガニザスィヨン
聞く	écouter エクテ
＜音楽を聞く＞	écouter de la musique エクテ ドゥ ラ ミゅズィク
危険な	dangereux/se ダンジュる―/ズ
機嫌がいい／悪い	être de bonne/mauvaise humeur エートる ドゥボンヌ／モヴェーズ ゆムーる
期限	date limite ◘ ダット リミット
気候	climat ◘ クリマ
記号	signe ◘ スィーニュ
帰国する	retourner dans son pays ◘ るトゥるネ ダン ソン ペイ
技師	ingénieur ◘ アンジェニゅーる
汽車	train ◘ トらン
記者	journaliste ◘◘ ジュるナリスト
傷	plaie ◘ プレ
キス	baiser ◘ ベゼ
＜キスをする＞	embrasser アンブらッセ
季節	saison ◘ セゾン
北	nord ◘ ノーる
汚い	sale サル
貴重品	objet précieux ◘ オブジェ プれスィゅー
きちんとしている	organisé/e オるガニゼ
きつい（窮屈な）	serré/e セれ
（仕事が大変）	dur/e デゅーる
きっと	sûrement スゅるマン
喫茶店	café ◘ キャフェ
	／ salon de thé ◘ サロン ドゥテ
切手	timbre ◘ タンブる
切符（コンサート・飛行機等）	billet ◘ ビエ
（バス・地下鉄等）	ticket ◘ ティケ
絹	soie ◘ ソワ
昨日	hier イエーる
きのこ	champignon ◘ シャンピニヨン
厳しい	sévère セヴェーる
寄付する	souscrire à ~ スースクリーる ア
気分がいい／悪い	se sentir bien/mal ス サンティーる ビアン／マル
希望／希望する	espoir ◘ エスポワーる ／ espérer エスペれ
決まる／決める	être décidé/e エートる デスィデ ／ décider デスィデ
奇妙な	étrange エトらンジュ
義務	devoir ◘ ドゥヴォワーる
客（お店の）	client/e クリアン/ト
（招待した）	invité/e アンヴィテ
キャッシュカード	carte de paiement ◘ キャるト ドゥ ペマン
キャベツ	chou ◘ シュー
キャンセル／キャンセルする	annulation ◘ アニゅラスィヨン ／ annuler アニゅレ
キャンパス	campus ◘ カンピゅス
九	neuf ヌフ
休暇	congé ◘ コンジェ
救急車	ambulance ◘ アンビゅランス
休憩／休憩する	repos ◘ るポ ／ se reposer ス るポゼ
休憩時間	heure de repos ◘ うーる ドゥ ポ

急行	express ◘ エクスプれス		許可／許可する	
休日	jour de congé ◘ ジューる ドゥ コンジェ			permission ◘ ぺるミッスィヨン／ permettre ぺるメットる
宮殿	palais ◘ パレ		漁業	pêche ◘ ペッシュ
牛肉	bœuf ◘ ブフ		去年	l'année dernière ◘ ラネ デるニエーる
牛乳	lait ◘ レ			
給油する	ravitailler らヴィタイエ		距離	distance ◘ ディスタンス
きゅうり	concombre ◘ コンコンブる		嫌いだ	ne pas aimer ヌ パ ゼメ
給料	salaire ◘ サレーる		気楽に	aisément エゼマン
今日	aujourd'hui オジュるデュイ		霧	brouillard ◘ ブるイヤーる
教育／教育する			切る	couper クペ
	éducation ◘ エデュカスィヨン／ éduquer エデュケ		＜野菜を切る＞ couper des légumes クペ デ レギュム	
教科書	manuel scolaire ◘ マニュエル スコレーる		着る	mettre メットる
			＜服を着る＞ s'habiller サビエ	
教師	enseignant/e アンセニャン/ト		きれいな	propre プロプる
行事	fête ◘ フェット		キログラム	kilo ◘ キロ
教室	classe ◘ クラス		キロメートル	kilomètre ◘ キロメットる
教授	professeur ◘ プロフェッスーる		金	or ◘ オーる
狭心症	angine de poitrine ◘ アンジンヌ ドゥ ポワトりンヌ		金額	somme ◘ ソム
			銀	argent ◘ あるジャン
強制／強制する			銀行	banque ◘ バンク
	contrainte ◘ コントらント／ contraindre コントらンドる		近視の	myope ミヨップ
			禁止／禁止する interdiction あンテるディクスィヨン／ interdire あンテるディーる	
競争／競争する				
	concurrence ◘ コンキュらンス／ entrer en concurrence avec アントれ アン コンキュらンス アヴェック		金星	Vénus ◘ ヴェニュス
			金銭	argent ◘ あるジャン
			勤勉な	studieux/se ステュディゥー/ズ
兄弟姉妹	frères et sœurs フれーる エ スーる		金曜日	vendredi ◘ ヴァンドるディ
興味がある			**く**	
	s'intéresser à ~ サンテれッセア		空軍	armée de l'air ◘ あるメ ドゥ レーる
興味深い	intéressant/e あンテれッサン/ト			
協力／協力する			空港	aéroport ◘ アエろポーる
	collaboration ◘ コラボらスィヨン／ collaborer コラボれ		草	herbe ◘ エるブ

臭い	puer ピュエ
腐る	pourrir プリーる
櫛（くし）	peigne 🅰 ペーニュ
屑	déchets 🅰（複）デシェ
屑かご	corbeille à papier 🅰 コるベーイ ア パピエ
くすぐったい	ça me chatouille サ ム シャトゥーイ
薬	médicament 🅰 メディカマン
管	tube 🅰 テュブ
（〜を）ください	donnez-moi ドネ モワ

＜これをください。＞
Donnez-moi ça, s'il vous plaît.
ドネ モワ サ スィル ヴ プレ

果物	fruit 🅰 フりゅイ
口	bouche 🅰 ブーシュ
唇	lèvre 🅰 レーヴる
口紅	rouge 🅰 るージュ
靴	chaussure 🅰 ショスゅーる
靴下	chaussette 🅰 ショセット
国	pays 🅰 ペイ
首	cou 🅰 クー
熊	ours 🅰 ウるス
組合	syndicat 🅰 サンディカ
労働組合	syndicat ouvrier 🅰 サンディカ ウヴりエ
雲	nuage 🅰 ニュアージュ
悔しい	avoir du dépit アヴォワーる デュ デピ
暗い	sombre ソンブる
グラス	verre 🅰 ヴェーる
比べる	comparer コンパれ
グラム	gramme 🅰 グらム
クリスマス	Noël 🅰 ノエル
来る	venir ヴニーる
グループ	groupe 🅰 グるープ

苦しい	douloureux/se ドゥルーるー/ズ
車	voiture 🅰 ヴォワテゅーる

＜車を運転する＞ conduire une voiture
コンデュイーる ゆヌ ヴォワテゅーる
＜車に乗る＞ monter en voiture
モンテ アン ヴォワテゅーる
＜車を降りる＞ descendre de voiture
デサンドる ドゥ ヴォワテゅーる

グレー／グレーの	gris 🅰 グリ
	gris/e グリ/ーズ
黒／黒い	noir 🅰 ノワーる
	/ noir/e ノワーる
加える	ajouter アジュテ
詳しい	détaillé/e デタイエ
軍	armée 🅰 アるメ
軍人	militaire 🅰 ミリテーる
軍隊	armée 🅰 アるメ

け

毛	poil 🅰 ポワル
経営／経営する	gestion 🅰 ジェスティヨン
	/ gérer ジェれ

＜会社を経営する＞
gérer une entreprise
ジェれ ゆヌ アントるプりーズ

経営者	patron/ne パトロン/ヌ
計画／計画する	projet 🅰 プろジェ
	/ projeter プろジュテ
経験／経験する	expérience 🅰 エクスぺりアンス
	/ faire l'expérience de 〜 フェーる レクスぺりアンス ドゥ
蛍光灯	lampe fluorescente 🅰 ランプ フリゅオれッサント
経済	économie 🅰 エコノミ

223

警察	police ◘ ポリス
警察署	commissariat de police ◘ コミッサりア ドゥ ポリス
計算／計算する	calcul ◘ カルキゅる／ calculer カルキゅレ
芸術	art ◘ アーる
携帯電話	téléphone portable ◘ テレフォンヌ ポるターブル
競馬	course de chevaux ◘ クるス ドゥ シュヴォー
経費	dépense ◘ デパンス
軽蔑／軽蔑する	mépris ◘ メプり／ mépriser メプりゼ
契約／契約する	contrat ◘ コントら／ passer un contrat パセ あン コントら
経歴	antécédents ◘ (複) アンテセダン
けいれん	spasme ◘ スパスム
怪我	blessure ◘ ブレスゅーる
外科医	chirurgien/ne シりゅるジあン／エンヌ
ケーキ	gâteau ◘ ガトー
劇	théâtre ◘ テアートる
今朝	ce matin ス マタン
景色	paysage ◘ ペイザージュ
消しゴム	gomme ◘ ゴム
下車する	descendre de train デサンドる ドゥ トらン
下旬	vers la fin du mois ヴェる ラ ファン デュ モワ
化粧／化粧する	maquillage ◘ マキヤージュ／ se maquiller ス マキエ
化粧品	produits de beauté ◘ (複) プろデュイ ドゥ ボーテ
消す	éteindre エタンドる

＜電気を消す＞	éteindre la lumière エタンドる ラ りゅミエーる
けちな	avare アヴァーる
血圧	tension artérielle ◘ タンスィヨン あるテりエル
＜血圧が高い／低い＞	avoir une tension artérielle élevée/basse アヴォワーる ゆヌ タンスィヨン あるテりエル エルヴェ／バッス
結果	résultat ◘ れズゅルタ
月給	salaire ◘ サレーる
結構です（いらない）	non, merci ノン メるスィ （褒める時） excellent/e エクセラン／ト
結婚／結婚する	mariage ◘ マりアージュ／ se marier ス マりエ
決心／決心する	décision ◘ デスィズィヨン／ se décider ス デスィデ
欠席する	s'absenter サプサンテ
月賦	mensualité ◘ マンスゅアリテ
月曜日	lundi ◘ ランディ
解熱剤	fébrifuge ◘ フェブりフゅージュ
下痢／下痢をする	diarrhée ◘ ディアれ／ avoir la diarrhée アヴォワーる ラ ディアれ
蹴る	donner un coup de pied ドネ あン クー ドゥ ピエ
原因	cause ◘ コーズ
けんか／けんかする	querelle ◘ クれル／ se quereller avec ～ ス クれレ アヴェック
見学／見学する	visite ◘ ヴィズィット

	/ visiter ヴィズィテ
玄関	vestibule ◘ ヴェスティビュル
元気です	aller bien アレ ビあん
研究／研究する	étude ◘ エテゅッド
	/ étudier エテゅディエ
	＜バイオテクノロジーを研究する＞
	étudier la biotechnologie
	エテゅディエ ラ ビオテクノロジ
研究所	centre d'études ◘
	サントる デテゅッド
現金	espèces ◘ （複）エスペス
言語	langue ◘ ラング
健康	santé ◘ サンテ
検査／検査する	examen ◘ エグザマン
	/ examiner エグザミネ
現在	présent ◘ プれザン
検索／検索する	
	recherche ◘ るシェるシュ
	/ rechercher るシェるシェ
減少／減少する	
	diminution ◘ ディミニゅスィヨン
	/ diminuer ディミニゅエ
現代	notre temps ◘ ノートる タン
建築／建築する	construction ◘
	コンストりゅクスィヨン
	/ construire コンストりゅイーる
検討／検討する	examen ◘ エグザマン
	/ examiner エグザミネ
見物する	visiter ヴィズィテ
憲法	Constitution ◘
	コンスティテゅスィヨン
権利	droit ◘ ドろワ

こ

五	cinq サンク
濃い（色）	foncé/e フォンセ
（濃度）	dense ダンス
恋	amour ◘ アムーる
恋人	amoureux/se アムるー/ズ
乞う	mendier マンディエ
合意／合意する	accord ◘ アッコーる
	/ se mettre d'accord
	ス メットる ダッコーる
幸運な	heureux/se うーるー/ズ
公園	parc ◘ パるク
後悔／後悔する	regret ◘ るぐれ
	/ regretter るぐれテ
郊外	banlieue ◘ バンリゅー
公害	pollution ◘ ポリゅスィヨン
合格／合格する	
	réussite ◘ れゅスィット
	/ réussir à un examen
	れゅスィーる ア あん＿ネグザマン
交換／交換する	échange ◘ エシャンジュ
	/ échanger エシャンジェ
講義／講義する	cours ◘ クーる
	/ faire un cours
	フェーる あん クーる
工業	industrie ◘ あんデゅストり
航空会社	compagnie aérienne ◘
	コンパニ アエりエンヌ
航空機	avion ◘ アヴィヨン
航空券	billet d'avion ◘
	ビエ ダヴィヨン
航空便	courrier aérien ◘
	クりエ アエりあン
合計	somme ◘ ソム
高校	lycée ◘ リセ
広告	publicité ◘ ピゅブリスィテ
交際する	sortir avec ~
	ソるティーる アヴェック
口座	compte ◘ コント

<銀行に口座を持っている>
avoir un compte en banque
アヴォワーる あん コント
アン バンク

公衆　public ◘ ピュブリック
公衆電話　téléphone public ◘
テレフォンヌ ピュブリック
交渉／交渉する négociation ◘
ネゴスィアスィヨン
／négocier ネゴスィエ
工場　usine ◘ ゆズィンヌ
香水　parfum ◘ ぱるファン
洪水　inondation ◘ イノンダスィヨン
抗生物質　antibiotique ◘
アンティビヨティック
高速道路　autoroute ◘ オトるート
紅茶　thé ◘ テ
校長　directeur/trice d'école
ディれクトゥーる/トリス デコール
交通　circulation ◘
スィるキュラスィヨン
交通事故　accident de la route ◘
アクスィダン ドゥ ラ るート
交通渋滞　embouteillage ◘
アンブテイヤージュ
交番　poste de police ◘
ポスト ドゥ ポリス
幸福　bonheur ◘ ボヌーる
興奮／興奮する excitation ◘
エクスィタスィヨン
／s'exciter セクスィテ
公務員　fonctionnaire ◘ ◘
フォンクスィヨネーる
声　voix ◘ ヴォワ
きれいな声 belle voix ◘ ベル ヴォワ
コーヒー　café ◘ キャフェ

コーラ　coca ◘ コカ
氷　glace ◘ グラス
誤解／誤解する malentendu ◘
マランタンデュ
／se méprendre sur ~
ス メプらンドる スゅーる
五月　mai ◘ メ
小切手　chèque ◘ シェック
ゴキブリ　cafard ◘ キャファーる
国王　roi ◘ ろワ
国際的　international/e
あンてるナスィヨナル
黒板　tableau ◘ タブロー
国民　peuple ◘ プープル
国立の　national/e ナスィヨナル
国立図書館 bibliothèque nationale ◘
ビブリヨテック ナスィヨナル
ご苦労さま merci メるスィ
ここ／ここで／ここに　ici イスィ
ここから d'ici ディスィ
午後　après-midi ◘ アプれ ミディ
午後に dans l'après-midi
ダン ラプれ ミディ
ココア　chocolat ◘ ショコラ
心　cœur ◘ クーる
志す　se destiner à ~
ス デスティネ ア
試みる　essayer エッセイエ
腰　hanches ◘(複) アンシュ
乞食　mendiant/e マンディアン/ト
胡椒　poivre ◘ ポワーヴる
個人　individu ◘ あンディヴィデュ
小銭　monnaie ◘ モネ
午前　matin ◘ マタン
／matinée ◘ マティネ
午前中 dans la matinée

		ダン ラ マティネ	ご飯	riz 🔲 り
答／答える	réponse 🔲 れポンス			＜ご飯を食べる＞ manger du riz
	／ répondre れポンドる			マンジェ デゅ り
ご馳走さま	merci, c'était délicieux		（〜に）ご無沙汰する	
	メルスィ セテ デリスィうー			il y a longtemps qu'on ne
こちら	par ici パる イスィ			s'est pas vus
国家	État 🔲 エタ			イリア ロンタン コン ヌ セ パ ヴゅ
国歌	hymne national 🔲		こぼれる	déborder デボるデ
	イムヌ ナスィヨナル		胡麻	sésame 🔲 セザム
国会	parlement 🔲 パるルマン		細かい	fin/e ファン/フィンヌ
国会議員	parlementaire 🔲 🔲		困る	avoir un problème
	パるルマンテーる			アヴォワーる アン プロブレム
国旗	drapeau national 🔲		ゴミ	ordures 🔲（複） オるデゅーる
	ドらポー ナスィヨナル		ゴミ箱	poubelle 🔲 プーベル
国境	frontière 🔲 フロンティエーる		小道	sentier 🔲 サンティエ
こっけいな	drôle ドろル		混む	encombré アンコンブれ
小包	paquet 🔲 パケ			＜高速道路が混んでいる＞
郵便小包	colis postal 🔲 コリ ポスタル			l'autoroute est encombrée
コップ	verre 🔲 ヴェーる			ロトるートエ ̲タンコンブれ
古典	classique 🔲 クラスィック		ゴム	caoutchouc 🔲 カウチュ
今年	cette année 🔲 セッタネ		小麦	blé 🔲 ブレ
異なった	différent/e ディフェらン/ト		米	riz 🔲 り
言葉	langue 🔲 ラング		ゴルフ	golf 🔲 ゴルフ
子ども	enfant 🔲🔲 アンファン		これ	ça サ／ cela スラ／ ceci ススィ
ことわざ	proverbe 🔲 プろヴェるブ		〜頃	vers 〜 ヴェーる
断る	refuser るフゅゼ		殺す	tuer テゅエ
粉	poudre 🔲 プードる		怖い	avoir peur de
コネ	piston 🔲 ピストン			アヴォワーる プーる ドゥ
この	ce 🔲 ス／ cette 🔲 セット		壊す	casser カッセ
	／ ces （複） セ		壊れる	se casser ス カッセ
この頃	ces derniers temps		今回	cette fois セット フォワ
	セ デる二エ タン		今月	ce mois ス モワ
この辺	par ici パる イスィ		今後	désormais デゾるメ
この本	ce livre ス リーヴる		コンサート	concert 🔲 コンセーる
好む	aimer エメ		今週	cette semaine セット スメンヌ
この様な	tel/le テル		今度	la prochaine fois

227

		ラ プロシェンヌ フォワ
コンドーム	préservatif ◯	
		プれゼるヴァティフ
こんにちは	bonjour	ボンジューる
こんばんは	bonsoir	ボンソワーる
コンピューター	ordinateur ◯	
		オるディナトゥーる
今夜	ce soir	ス ソワーる
	/ cette nuit	セット ニゅイ
婚約／婚約する	fiançailles ◯ (複)	
		フィアンサーイ
	/ se fiancer	ス フィアンセ
婚約者	fiancé/e	フィアンセ

さ

サービス／サービス料		
	service ◯	セるヴィス
歳(年齢)	âge ◯	アージュ
最近	récemment	れサマン
財産	fortune ◯	フォるテュンヌ
最後の／最新の		
	dernier/ère	デるニエ/ーる
最初の	premier/ère	プるミエ/ーる
サイズ	taille ◯	ターイ
才能	talent ◯	タラン
裁判	justice ◯	ジゅスティス
裁判所	tribunal ◯	トりビュナル
財布	portefeuille ◯	ぽるトフーイ
サイン／サインする signature ◯		
		スィニャテゅーる
	/ signer	スィニェ
探す	chercher	シェるシェ
魚	poisson ◯	ポワッソン
魚を釣る	pêcher	ペシェ
下がる	baisser	ベッセ
先	bout ◯	ブー

＜お先に失礼＞		
	permettez-moi de me retirer	
	ぺるメテ モワ ドゥ ム るティれ	
咲く	s'épanouir	セパヌイーる
＜花が咲く＞		
	les fleurs s'épanouissent	
	レ フルーる セパヌイッス	
昨日	hier	イエーる
昨年	l'année dernière	
		ラネ デるニエーる
作文	rédaction ◯	れダクスィヨン
昨夜	hier soir	イエーる ソワーる
	/ la nuit dernière	
		ラ ニゅイ デるニエーる
酒	alcool ◯	アルコル
＜酒を飲む＞	boire	ボワーる
＜酒に酔う＞	se soûler	ス スレ
叫ぶ	crier	クりエ
下げる	baisser	ベッセ
＜値段を下げる＞ baisser le prix		
		ベセ ル プり
刺身	tranche ◯ de poisson cru	
		トランシュ ドゥ ポワッソン クりゅ
査証	visa ◯	ヴィザ
指す	désigner	デズィニェ
＜指を指す＞ désigner du doigt		
		デズィニェ デゅ ドワ
刺すような	perçant/e	ぺるサン/ト
座席	place ◯	プラス
＜座席に座る＞ prendre sa place		
		プらンドる サ プラス
左折する	tourner à gauche	
		トゥるネ ア ゴーシュ
冊(本等)	exemplaire ◯	
		エグザンプレーる
撮影／撮影する tournage ◯		

228

	トゥるナージュ		デシェ あンデュストリエル
	／ tourner un film	残業	heures supplémentaires 🔊(複)
	トゥるネ あン フィルム		うーる スゅプレマンテーる
作家	écrivain 🔊 エクりヴァン	サンダル	sandale 🔊 サンダル
さっき（さきほど）	tout à l'heure	サンドイッチ	
	トゥタ るーる		sandwich 🔊 サンドウィチ
雑誌	revue 🔊 るヴゅ	残念／残念です	
早速	tout de suite		dommage 🔊ドマージュ
	トゥー ドゥ スゅイット		／ c'est dommage
殺虫剤	insecticide 🔊		セ ドマージュ
	あンセクティスィッド	散髪する	se faire couper les cheveux
さつまいも	patate douce 🔊		ス フェーる クペレ シュヴー
	パタット ドゥース	散歩する	se promener ス プろムネ
砂糖	sucre 🔊 スゅークる		

し

砂漠	désert 🔊 デゼーる	四	quatre キャトる
錆／錆びる	rouille 🔊 るーイ	死	mort 🔊 モーる
	／ se rouiller ス るイエ	字	lettre 🔊 レットる
寂しい／淋しい	triste トりスト	ＣＤ	CéDé 🔊 セデ
寒い	avoir froid アヴォワーる フろワ		／ disque compact 🔊
寒気	froid 🔊 フろワ		ディスク コンパクト
＜寒気がする＞ prendre froid		幸せ	bonheur 🔊 ボヌーる
	プらンドる フろワ	寺院	temple 🔊 タンプル
さもないと	sinon スィノン	塩	sel 🔊 セル
さよなら	au revoir オ るヴォワーる	塩辛い	salé/e サレ
皿	assiette 🔊 アスィエット	鹿	cerf 🔊 セーる
サラダ	salade 🔊 サラッド		／ biche 🔊 ビッシュ
更に	plus プリゅ（ス）	歯科	dentiste 🔊🔊 ダンティスト
サラリーマン	salarié/e サラりエ	次回	prochaine fois 🔊
猿	singe 🔊 サンジュ		プろシェンヌ フォワ
さわる	toucher トゥシェ	市外電話	inter 🔊 あンテーる
三	trois トろワ	しかし	mais メ
参加／参加する	participation 🔊	しかしながら	pourtant プーるタン
	パるティスィパスィヨン	仕方がない	tant pis タン ピ
	／ participer パるティスィペ	四月	avril 🔊 アヴりル
産業	industrie 🔊 あンデゅストり	叱る	gronder グろンデ
産業廃棄物 déchet industriel 🔊			

229

時間	temps ◘ タン
	＜時間がかかる＞ ça prend du temps サ プらン デュ タン
時間表	horaires ◘（複）オれール
四季	quatre saisons ◘（複）キャトる セゾン
試験	examen ◘ エグザマン
試験問題	question d'examen ◘ ケスティヨン デグザマン
資源	ressources ◘（複）るスーるス
事故	accident ◘ アクスィダン
交通事故	accident de la route ◘ アクスィダン ドゥ ラ るート
自己紹介する	se présenter ス プれザンテ
仕事	travail ◘ トらヴァーイ
	＜仕事をする＞ travailler トらヴァイエ
	＜仕事を休む＞ s'absenter du travail サプサンテ デュ トらヴァーイ
辞書	dictionnaire ◘ ディクスィヨネール
試食する	déguster デギュステ
自信／自信がある	confiance en soi ◘ コンフィアンス アン ソワ ／ avoir confiance en soi アヴォワーる コンフィアンス アン ソワ
地震	tremblement de terre ◘ トらンブルマン ドゥ テール
静かな	tranquille トらンキル
システム	système ◘ スィステム
自然	nature ◘ ナテゅール
舌	langue ◘ ラング
下	sous スー／ en bas アン バ
～したい	vouloir ヴロワーる
時代	époque ◘ エポック
慕う	s'attacher à ～ サタシェ ア
従う	obéir à ～ オベイーる ア
下着	sous-vêtement ◘ スー ヴェットマン
～したことがある	avoir déjà ～ アヴォワーる デジャ ／ être déjà ～ エートる デジャ
親しい	intime アンティム
～した方がよい	il vaut mieux ～ イル ヴォー ミユー
七	sept セット
七月	juillet ◘ ジュイエ
試着する	essayer エッセイエ
シーツ	drap ◘ ドら
実業家	homme ◘/femme ◘ d'affaires オム/ファム ダフェーる
失業／失業している	chômage ◘ ショマージュ ／ être au chômage エートる オ ショマージュ
実に	vraiment ヴれマン
失敗／失敗する	échec ◘ エシェック ／ échouer à ～ エシュエ ア
質問／質問する	question ◘ ケスティヨン ／ poser une question ポゼ ゆヌ ケスティヨン
失礼／失礼します	excusez-moi エクスキュゼ モワ
失礼だ	impoli/e アンポリ
失恋する	avoir une déception amoureuse アヴォワーる ゆヌ デセプスィヨン アムるーズ

支店	succursale ◘ スュキュるサル
自転車	bicyclette ◘ ビスィクレット
指導／指導する	direction ◘ ディれクスィヨン／diriger ディりジェ
自動車	voiture ◘ ヴォワテゥール
市内	dans la ville de ~ ダン ラ ヴィル ドゥ
品物	objet ◘ オブジェ
死ぬ	mourir ムりール
芝居	pièce ◘ ピエス
支配人	gérant/e ジェらン/ト
しばしば	souvent スーヴァン
芝生	pelouse ◘ プルーズ
支払い／支払う	paiement ◘ ペマン／payer ペイエ
しばらく	pendant quelque temps パンダン ケルク タン
縛る	lier リエ
耳鼻科医	oto-rhino-laryngologiste ◘◘ オトりノ ラらンゴロジスト
自分	soi ソワ
自分自身	soi-même ソワ メーム
自分で	soi-même ソワ メーム
脂肪	graisse ◘ グれッス
絞る	presser プれッセ
資本	capital ◘ キャピタル
資本主義	capitalisme ◘ キャピタリスム
島	île ◘ イル
事務所	bureau ◘ ビュろー
氏名	nom ◘ et prénom ◘ ノン エ プれノン
使命	mission ◘ ミッスィヨン
示す	montrer モントれ
閉める	fermer フェるメ
締めつける	serrer セれ
社員	employé/e アンプロワイエ
社会	société ◘ ソスィエテ
じゃがいも	pomme de terre ◘ ポム ドゥ テール
車庫	garage ◘ ギャらージュ
車掌	contrôleur/se コントろルーる/ズ
写真	photo ◘ フォト
ジャスミン	jasmin ◘ ジャスマン
社長	président-directeur général ◘ プれズィダン ディれクトゥーる ジェネらル／P.-D.G ペデジェ
シャツ	maillot ◘ マイヨ
若干の	quelques ケルク
借金	dette ◘ デット
邪魔する	déranger デらンジェ
ジャム	confiture ◘ コンフィテゥール
シャワー	douche ◘ ドゥーシュ
シャンプー	shampooing ◘ シャンポワン
週	semaine ◘ スメンヌ
十	dix ディス
銃	fusil ◘ フュズィ
自由	liberté ◘ リベるテ
周囲	tour ◘ トゥーる
十一月	novembre ◘ ノヴァンブる
十月	octobre ◘ オクトーブる
習慣	habitude ◘ アビテュッド
週刊誌	hebdomadaire ◘ エブドマデーる
集金／集金する	encaissement des recettes ◘ アンケッスマン デ るセット／encaisser les recettes アンケッセ レ るセット
宗教	religion ◘ るリジヨン
従業員	personnel ◘ ぺるソネル
集合する	se rassembler ス らサンブレ

修士号	maîtrise	メトリーズ	首都	capitale	キャピタル
住所	adresse	アドレス	主婦	ménagère	メナジェール
就職する	obtenir un emploi オプトニー アン ナンプロワ		趣味	passe-temps	パス タン
ジュース	jus de fruit	ジュ ドゥ フリュイ	寿命	l'espérance de vie レスペランス ドゥ ヴィ	
修正／修正する	modification モディフィカスィヨン／ modifier モディフィエ		種類	espèce	エスペス
			準備する	préparer	プレパレ
			しょうが	gingembre	ジャンジャンブる
渋滞／渋滞している	encombrement アンコンブるマン／ encombré/e アンコンブれ		消化／消化する	digestion ディジェスティヨン／ digérer ディジェれ	
			消火する	maîtriser l'incendie メトリゼ ランサンディ	
じゅうたん	tapis	タピ			
終点(鉄道の)	terminus	テるミニゥス	紹介する	présenter	プれザンテ
十二月	décembre	デサンブる	正月	le jour de l'an ル ジューる ドゥ ラン	
充分な	suffisant/e	スゅフィザン/ト			
＜それで充分だ＞	ça suffit	サ スゅフィ	小学校	école primaire エコール プリメーる	
十万	cent mille	サン ミル			
重要な	important/e	アンポるタン/ト	乗客	passager/ère	パサジェ/ーる
修理／修理する	réparation れパらスィヨン／ réparer れパれ		商業	commerce	コメるス
			証券	titre	ティットる
			条件	condition	コンディスィヨン
授業	cours	クーる	証拠	preuve	プるーヴ
宿題	devoir	ドゥヴォワーる	正午	midi	ミディ
宿泊／宿泊する	hébergement エべるジュマン／ loger ロジェ		詳細	détail	デターイ
			正直な	honnête	オネット
			乗車する	monter en ~	モンテ アン
手術／手術する	opération オペらスィヨン／ opérer オペれ		乗車券	billet	ビエ
			上旬	au début du mois オ デビゅ デゅ モワ	
首相	Premier ministre プるミエ ミニストる		上手な	habile	アビル
			招待／招待する	invitation アンヴィタスィヨン／ inviter アンヴィテ	
主人	maître/sse	メートる/れッス			
出血する	saigner	セニェ			
出発／出発する	départ デパーる／ partir パるティーる		状態	état	エタ
			冗談／冗談を言う	plaisanterie	

	プレザントり
	/ plaisanter プレザンテ
<冗談でしょう。>	
	C'est une plaisanterie.
	セ_テュヌ プレザントり
商人	commerçant/e コメるサン/ト
使用人	employé/e アンプロワイエ
商売	commerce ◘ コメるス
商標	marque ◘ マルク
商品	marchandise ◘ マるシャンディーズ
上品な	distingué/e ディスタンゲ
丈夫な	solide ソリッド
証明する	prouver プるヴェ
身分証明書	carte d'identité ◘ キャルト ディダンティテ
正面	face ◘ ファス
醤油	sauce de soja ◘ ソース ドゥ ソジャ
将来	avenir ◘ アヴニーる
奨励/奨励する	encouragement ◘ アンクらジュマン / encourager アンクらジェ
初回（初めて）	la première fois ◘ ラ プるミエーる フォワ
除外する	excepter エクセプテ
職員	personnel ◘ ぺるソネル
職業	profession ◘ プろフェッスィヨン
食事	repas ◘ るパ
<食事をする>	prendre son repas プらンドる ソン るパ
食堂	salle à manger ◘ サラマンジェ
職場	lieu de travail ◘ リゥー ドゥ トらヴァーイ
植物	plante ◘ プラント
食欲	appétit ◘ アペティ
<食欲がない>	ne pas avoir d'appétit ヌ パ_ザヴォワーる ダペティ
処女	vierge ◘ ヴィエるジュ
女性	femme ◘ ファム
しょっぱい	salé/e サレ
ショッピング	shopping ◘ ショッピング
初日	premier jour ◘ プるミエジューる
署名/署名する	signature ◘ スィニャテゅーる / signer スィニェ
書類	papiers ◘（複）パピエ
知らせる	annoncer アノンセ
調べる	enquêter アンケッテ
尻	fesses ◘（複）フェッス
私立	privé/e プリヴェ
私立大学	université privée ◘ ゆニヴェるスィテ プリヴェ
知る	savoir サヴォワーる / connaître コネートる
汁	jus ◘ ジゅ
白色/白い	blanc ◘ ブラン / blanc/che ブラン/シュ
城	château ◘ シャトー
進学する	poursuivre ses études プるスゥイーヴる セ_ゼテゅッド
心筋梗塞	infarctus du myocarde ◘ アンファるクテゅスデゅ ミヨキャるド
神経	nerf ◘ ネーる
人口	population ◘ ポピゅラスィヨン
審査/審査する	examen ◘ エグザマン / examiner エグザミネ
診察	consultation ◘ コンスゅルタスィヨン
紳士	gentleman ◘ ジャントルマン
神社	temple shinto ◘ タンプル シントー

寝室	chambre ◘ シャンブる
真珠	perle ◘ ペるル
人種	race ◘ らッス
信じる	croire クろワーる
申請する	demander ドゥマンデ
親戚	parent/e パらン/ト
親切な	gentil/le ジャンティ/ーユ
新鮮な	frais/fraîche フれ/ッシュ
心臓	cœur ◘ クーる
身体	corps ◘ コーる
寝台車	voiture-lit ◘ ヴォワテゅーる リ
診断	diagnostic ◘ ディアグノスティック
新年	nouvelle année ◘ ヌーヴェル アネ
＜新年おめでとう。＞	Bonne année! ボンヌ アネ
心配する	s'inquiéter サンキエテ
新聞	journal ◘ ジゅるナル
進歩する	progresser プろグれッセ
深夜	en pleine nuit アン プれンヌ ニゅイ
信用する／信頼する	faire confiance à ~ フェーる コンフィアンス ア
診療所	clinique ◘ クリニック

す

酢	vinaigre ◘ ヴィネーグる
巣	nid ◘ ニ
水泳	natation ◘ ナタスィヨン
すいか	pastèque ◘ パステック
水牛	buffle ◘ ビゅッフル
水産物	produits maritimes ◘ （複）プろデゅイ マリティム
水準	niveau ◘ ニヴォー
水晶	cristal ◘ クリスタル
彗星	comète ◘ コメット
水田	rizière ◘ りズィエーる
水道	eau courante ◘ オー クーらント
水道の水	eau du robinet ◘ オー デゅ ろビネ
睡眠	sommeil ◘ ソメーイ
水曜日	mercredi ◘ メるクるディ
吸う	aspirer アスピれ
数字	chiffre ◘ シーフる
スーツ（男性用）	costume ◘ コステゅム
（女性用）	tailleur ◘ タイユーる
スープ	soupe ◘ スープ
スカート	jupe ◘ ジゅップ
好きだ	aimer エメ
～すぎる	trop ~ トろ
過ぎる	passer パセ
すく（お腹が）	avoir faim アヴォワーる ファン
すぐに	tout de suite トゥー ドゥ スゅイット
少ない	peu de プー ドゥ
少なくとも	au moins オ モワン
スケジュール	programme ◘ プろグラム
すごい	terrible テりーブル
少し	un peu de アン プー ドゥ
涼しい	frais/fraîche フれ/ッシュ
すずめ	moineau ◘ モワノー
勧める	recommander るコマンデ
スター	vedette ◘ ヴデット
スタッフ	personnel ◘ ペるソネル
頭痛	mal de tête ◘ マル ドゥ テット
ずっと	tout le temps トゥール タン
酸っぱい	acide アスィッド
ステーキ	bifteck ◘ ビフテック
すてきだ	chouette シュエット

すでに	déjà デジャ		制限／制限する	limitation ◘
捨てる	jeter ジュテ			リミタスィヨン／ limiter リミテ
ストライキ	grève ◘ グれーヴ		成功／成功する	réussite ◘ れゆスィット
ストッキング	collant ◘ コラン			／ réussir れゆスィール
砂	sable ◘ サーブル		政策	politique ◘ ポリティック
すなわち	c'est-à-dire セ_タ ディーる		生産／生産する	production ◘
すばらしい	magnifique マニフィック			プロデュクスィヨン
スプーン	cuiller ◘ キュイエーる			／ produire プロデュイーる
～すべきだ	il faut ～ イル フォー		政治	politique ◘ ポリティック
すべて	tout トゥー		政治家	politicien/ne
滑る	glisser グリッセ			ポリティスィアン／エンヌ
スポーツ	sport ◘ スポーる		性質	nature ◘ ナテューる
ズボン	pantalon ◘ パンタロン		正常	normal/e ノるマル
炭	charbon ◘ シャるボン		製造／製造する	fabrication ◘
隅	coin ◘ コワン			ファブリカスィヨン
すみません	excusez-moi			／ fabriquer ファブリケ
	エクスキュゼ モワ		生徒	élève ◘◘ エレーヴ
住む	habiter アビテ		青年	jeune homme ◘ ジュンノーム
スリッパ	pantoufle ◘ パントゥフル		生年月日	date de naissance ◘
する	faire フェーる			ダット ドゥ ネッサンス
＜仕事をする＞	travailler トらヴァイエ		性病	maladie vénérienne ◘
ずるい	rusé/e りゅゼ			マラディ ヴェネりエンヌ
鋭い	aigu/ë エギュ		政府	gouvernement ◘
座る	s'asseoir サソワーる			グヴェるヌマン
			制服	uniforme ◘ ゆニフォるム
			生命	vie ◘ ヴィ
			西洋人	Occidental/e オクスィダンタル

せ

背	taille ◘ ターイ		西洋料理	cuisine occidentale ◘
姓	nom de famille ◘			キュイズィンヌ オクスィダンタル
	ノン ドゥ ファミーユ		生理	règles ◘（複）れーグル
税	taxe ◘ タクス		整理する（片づける）	ranger らンジェ
性格	caractère ◘ キャらクテーる		世界	monde ◘ モンド
正確な	exact/e エグザ（クト）/クト		席	place ◘ プラス
生活	vie ◘ ヴィ		＜席を外している＞	être absent/e
税関	douane ◘ ドゥアンヌ			エートる アプサン/ト
税金	impôt ◘ あンポ		咳	toux ◘ トゥー
清潔な	propre プロップる			

235

責任	responsabilité 🔊 れスポンサビリテ

＜〜の責任をとる＞
prendre la responsabilité de 〜
プらンドる られスポンサビリテ ドゥ
責任者 responsable 🔊🔊
　　　　　れスポンサーブル
石油　　pétrole 🔊 ペトろル
積極的　positif/ve ポズィティフ/ヴ
設計／設計する plan 🔊 プラン
　　　　／faire un plan
　　　　フェーる アン プラン
石鹸　　savon 🔊 サヴォン
絶対に　absolument アプソりュマン
説明／説明する explication 🔊
　　　　エクスプリカスィヨン
　　　　／expliquer エクスプリケ
節約する économiser エコノミゼ
背中　　dos 🔊 ド
ぜひ　　à tout prix ア トゥー プり
背広　　costume 🔊 コステゅム
狭い　　étroit/e エトろワ/ット
セメント ciment 🔊 スィマン
ゼロ　　zéro 🔊 ゼろ
千　　　mille 🔊 ミル
線　　　ligne 🔊 リーニュ
選挙／選挙する élection 🔊 エレクスィヨン
　　　　／élire エリーる
先月　　le mois dernier ル モワ デるニエ
専攻科目／専攻する discipline 🔊
　　　　ディスィプりンヌ
　　　　／se spécialiser dans 〜
　　　　ス スペスィアりゼ ダン
先日　　l'autre jour ロートる ジューる
先週　　la semaine dernière
　　　　ラ スメンヌ デるニエーる

扇子　　éventail 🔊 エヴァンターイ
先生　professeur 🔊 プろフェッスーる
全然　pas du tout パ デゅ トゥー
戦争　　guerre 🔊 ゲーる
全体に　entièrement アンティエーるマン
洗濯機　machine à laver 🔊 マシナ ラヴェ
洗濯する faire la lessive
　　　　フェーる ラ レスィーヴ
センチメートル centimètre 🔊
　　　　サンティメートる
栓抜き　tire-bouchon 🔊
　　　　ティーる ブション
洗髪する se faire un shampooing
　　　　ス フェーる アン シャンプワン
全部　　tout 🔊 トゥー
扇風機　ventilateur 🔊
　　　　ヴァンティラトゥーる
専門家　spécialiste 🔊🔊
　　　　スペスィアりスト
専門学校 école professionnelle 🔊
　　　　エコール プろフェッスィヨネル

そ

象　　　éléphant 🔊 エレファン
増加／増加する augmentation 🔊
　　　　オグマンタスィヨン
　　　　／augmenter オグマンテ
送金／送金する envoi d'argent 🔊
　　　　アンヴォワ ダるジャン
　　　　／envoyer de l'argent
　　　　アンヴォワイエ ドゥ らるジャン
掃除／掃除する ménage 🔊 メナージュ
　　　　／faire le ménage
　　　　フェーる ル メナージュ
ソース　sauce 🔊 ソース
ソーセージ saucisse 🔊 ソスィッス

葬式	funérailles ◻(複) フュネらーイ
相談／相談する	consultation ◻ コンスュルタスィヨン ／ consulter コンスュルテ
双方の	mutuel/le ミュテュエル
総理大臣	Premier ministre ◻ プルミエ ミニストる
僧侶	bonze ◻ ボンズ
俗語	langage populaire ◻ ランガージュ ポピュレーる
速達	exprès ◻ エクスプれ(ッス)
ソケット	douille ◻ ドゥーイ
底	fond ◻ フォン
そして	et エ
育つ／育てる	grandir グランディーる ／ élever エルヴェ
そちら	là ラ
卒業する	terminer ses études テるミネ セ ゼテゅッド
袖	manche ◻ マンシュ
外	dehors ◻ ドゥオーる
その通り	vous avez raison ヴ ザヴェ れゾン
そのような	pareil/le パれーイ
側（そば）	près de ～ プれ ドゥ
ソファー	canapé ◻ カナペ
染める	teindre タンドる ＜髪を染める＞ se teindre les cheveux ス タンドる レ シュヴー
空	ciel ◻ スィエル
剃る	raser らゼ
それ	ça サ／ cela スラ
それから	puis ピュイ
それだけです	c'est tout セ トゥー
それでは	alors アローる

それとも	ou bien ウ ビあン
そろっている	complet/ète コンプレット
損害	dommage ◻ ドマージュ
尊敬／尊敬する	respect ◻ れスペ ／ respecter れスペクテ
損をする	perdre ぺるドる

た

大学	université ◻ ゅニヴェるスィテ
大学生	étudiant/e エテゅディアン/ト
代議士	député ◻ デピュテ
代金	prix ◻ プリ
大工	charpentier ◻ シャるパンティエ
退屈な	ennuyeux/se アンニュイゅー/ズ
体験	expérience ◻ エクスぺりアンス
大根	radis blanc ◻ らディ ブラン
大使館	ambassade ◻ アンバサッド
体重	poids ◻ ポワ
大丈夫	ça va サ ヴァ
大臣	ministre ◻ ミニストる
大豆	soja ◻ ソジャ
大切な	important/e アンポるタン/ト
だいたい	à peu près ア プー プれ
たいてい	d'habitude ダビテゅッド
大統領	président ◻ プれズィダン
台所	cuisine ◻ キゅイズィンヌ
タイトル	titre ◻ ティットる
代表	délégué/e デレゲ
大部分	la plupart ラ プりゅパーる
大変（非常に）	très トれ
大変な仕事	travail dur ◻ トらヴァーイ デゅーる
大便	excréments ◻(複) エクスクれマン
代名詞	pronom ◻ プロノン
タイヤ	pneu ◻ プヌー

237

日本語	フランス語	カナ
ダイヤモンド	diamant ◘	ディアマン
太陽	soleil ◘	ソレーイ
代理	remplaçant/e	らンプラッサン/ト
＜彼の代理で＞	à sa place	アサプラス
代理店	agence ◘	アジャンス
大理石	marbre ◘	まるブる
耐える	supporter	スゅポるテ
タオル	serviette ◘	セるヴィエット
バスタオル	serviette de bain ◘	セるヴィエット ドゥ バン
高い（高さが）	haut/e	オー/ト
（価格が）	cher/ère	シェーる
だから〜（それゆえに）	donc	ドンク
宝くじ	billet de loterie ◘	ビエ ドゥ ロットり
滝	cascade ◘	キャスキャッド
抱く（抱き合う）	s'embrasser	サンブらッセ
たくさんの〜	beaucoup de〜	ボクー ドゥ
タクシー	taxi ◘	タクスィ
竹	bambou ◘	バンブー
〜だけ	seulement	スールマン
確かに	certainement	セるテヌマン
足す	ajouter	アジュテ
助け合う	s'entraider	サントれデ
助ける	aider	エデ
訪ねる（場所）	visiter	ヴィズィテ
（人を）	aller voir	アレ ヴォワーる
尋ねる	interroger	あンテろジェ
闘う	se battre	ス バットる
叩く	frapper	フらッペ
正しい	correct/e	コれクト
直ちに	immédiatement	イメディアットマン
たたむ	plier	プリエ
＜服をたたむ＞	plier ses vêtements	プリエ セ ヴェットマン
立ち上がる	se lever	ス ルヴェ
立つ	se mettre debout	ス メットる ドゥブー
断つ	couper	クペ
建物	bâtiment ◘	バティマン
建てる	construire	コンストりゅイーる
例えば	par exemple	パれグザンプル
棚	étagère ◘	エタジェーる
他人	les autres	レ ゾートる
種	graine ◘	グれンヌ
他の	autre	オートる
楽しい	joyeux/se	ジョワイうー/ズ
頼む	demander	ドゥマンデ
たばこ	cigarette ◘	スィギャれット
＜たばこを吸う＞	fumer	フゅメ
旅	voyage ◘	ヴォワイヤージュ
たびたび	souvent	スーヴァン
ダブルベッド	grand lit ◘	グらン リ
多分	peut-être	プテートる
食べ物	nourriture ◘	ヌりテゅーる
食べる	manger	マンジェ
卵	œuf ◘	うフ／ œufs（複）うー
だます	tromper	トろンペ
玉ねぎ	oignon ◘	オニヨン
駄目だ	ça ne va pas	サ ヌ ヴァ パ
保つ	maintenir	マントニーる
＜温度を保つ＞	maintenir la température	マントニーる ラ タンペらテゅーる
足りない	manquer	マンケ
＜お釣りが足りない＞	je n'ai plus de monnaie	ジュ ネ プリゅ ドゥ モネ
誰	qui	キ
短気な	impatient/e	あンパスィアン/ト

単語	mot **◘** モ	茶色／茶色い	brun **◘** ブラン
誕生日	anniversaire **◘** アニヴェるセーる		／brun/e ブラン/ブりゅンヌ
ダンス／ダンスをする	danse **◘** ダンス ／danser ダンセ	茶碗（ご飯） （紅茶）	bol de riz **◘** ボル ドゥ り tasse à thé **◘** タッス ア テ
男性	homme **◘** オム	チャンネル	chaîne **◘** シェンヌ
旦那	mari **◘** マり	**注意する**	faire attention
タンパク質	protéine **◘** プロテインヌ		フェーる アタンスィヨン
暖房	chauffage **◘** ショファージュ	中央	centre **◘** サントる
		中学校	collège **◘** コレージュ
		中華料理	cuisine chinoise **◘** キュイズィンヌ シノワーズ

ち

血	sang **◘** サン	**中国**	Chine **◘** シンヌ
小さい	petit/e プティ/ット	中国語	chinois **◘** シノワ
チーズ	fromage **◘** フろマージュ	中国人	Chinois/e シノワ/ーズ
近い／(～の) 近く	proche プろッシュ ／près de ~ プれ ドゥ	中国の 中止する	chinois/e シノワ/ーズ arrêter アれテ
近いうちに	bientôt ビョント	駐車する	stationner スタスィヨネ
違う	différent/e ディフェらン/ト	駐車場	parking **◘** パるキング
近頃	ces derniers temps セ デるニエ タン	注射／注射する	piqûre **◘** ピキューる
地下鉄	métro **◘** メトロ		／faire une piqûre
近道	raccourci **◘** らクるスィ		フェーる ゆヌ ピキューる
近寄る	s'approcher de ~ サプロシェドゥ	中旬	au milieu du mois
力	force **◘** フォるス		オ ミリゥー デゥ モワ
地球	terre **◘** テーる	**昼食／昼食を食べる**	
遅刻する	arriver en retard アりヴェ アン るターる		déjeuner **◘** デジュネ ／déjeuner デジュネ
知識	connaissances **◘**(複) コネッサンス	中心 虫垂炎	centre **◘** サントる appendicite **◘** アパンディスィト
地図	carte **◘** キャると	注目／注目する	
父	père **◘** ペーる		attention **◘** アタンスィヨン
縮む	rétrécir れトれスィーる		／prêter attention
秩序	ordre **◘** オるドる		プれテ アタンスィヨン
チップ	pourboire **◘** プるポワーる	**注文／注文する**	commande **◘** コマンド
地方	région **◘** れジヨン		／commander コマンデ
茶	thé **◘** テ	蝶	papillon **◘** パピヨン

239

腸	intestin ◘ あンテスタン
長距離	longue distance ◘ ロング ディスタンス
彫刻	sculpture ◘ スキュルテゅーる
頂上	sommet ◘ ソメ
朝食	petit déjeuner ◘ プティ デジュネ
ちょうどいい（ぴったり）	juste ジュスト
直接	directement ディれクトマン
直線	ligne droite ◘ リーニュ ドろワット
貯蓄	épargne ◘ エパるニュ
ちょっとの間	un instant ◘ あン＿ナンスタン
＜ちょっと待って。＞	Un instant, s'il vous plaît. あン＿ナンスタン スィル ヴプレ
地理	géographie ◘ ジェオグらフィ
賃貸・借／賃貸・借する	location ◘ ロカスィヨン／louer ルエ
賃金	salaire ◘ サレーる

つ

ツアー	voyage organisé ◘ ヴォワイヤージュ オるガニゼ
ついに	enfin アンファン
通学する	aller à l'école アレ ア レコール
通勤する	aller au travail アレ オ トらヴァーイ
通常	habituellement アビテゅエルマン
通信／通信する	communication ◘ コミュニカスィヨン／communiquer avec ~ コミュニケ アヴェック

通信衛星	satellite de télécommunications ◘ サテリット ドゥ テレコミュニカスィヨン
通訳（人）／通訳する	interprète ◘ あンテるプれット／servir d'interprète セるヴィーる ダンテるプれット
使う	utiliser ゆティリゼ
捕まえる	attraper アトらぺ
つかむ	saisir セズィーる
疲れる	être fatigué/e エートる ファティゲ
月	lune ◘ リゅンヌ
～については	quant à ~ カン＿タ
次／次の	prochain/e プろシャン/シェンヌ／suivant/e スゅ**イヴァン**/ト
尽きる	s'épuiser セピュイゼ
着く	arriver アりヴェ
机	table ◘ ターブル
つくる	faire フェーる
告げる	annoncer アノンセ
都合	convenances ◘ （複）コンヴナンス
＜都合がよい＞	ça me convient サ ム コンヴィあン
＜都合が悪い＞	ça ne me convient pas サ ヌ ム コンヴィあン パ
土	terre ◘ テーる
続く／続ける	continuer コンティニゅエ
包む	envelopper アンヴロッペ
努める	essayer de ~ エッセイエ ドゥ
綱	corde ◘ コるド
つなぐ	attacher アタシェ
唾（つば）	salive ◘ サリーヴ
つぶれる／つぶす	s'écraser セクらゼ

　　　　　　／écraser エクらゼ
　　　＜車がつぶれた＞
　　　　　　la voiture s'est écrasée
　　　　　　ラ ヴォワテゅール セ_テクらゼ
　　　＜会社がつぶれた＞
　　　　　　l'entreprise a fait faillite
　　　　　　ラントるプりーズ ア フェ
　　　　　　ファイイット
蕾（つぼみ）bouton ◘ ブトン
妻　　　　femme ◘ ファム
つまづく　trébucher sur ~
　　　　　　トれビュシェ スゅール
つまむ　　pincer パンセ
爪楊枝　　cure-dent ◘ キゅール ダン
つまらない sans intérêt サン_ザンテれ
詰まる　　être bouché/e エートる ブシェ
罪　　　　crime ◘ クりム
爪　　　　ongle ◘ オングル
　＜爪を切る＞se couper les ongles
　　　　　　ス クペ レ_ゾングル
爪切り　　coupe-ongles ◘ クープ オングル
冷たい　　froid/e フロワ/ド
強い　　　fort/e フォーる/ト
つらい　　pénible ペニーブル
釣り銭　　monnaie ◘ モネ
連れて行く emmener アンムネ

て

手　　　　main ◘ マン
　＜手をあげる＞lever la main
　　　　　　ルヴェ ラ マン
　＜手に持つ＞avoir ~ à la main
　　　　　　アヴォワーる ~ ア ラ マン
出会う　　rencontrer らンコントれ
~である　être エートる
提案／提案する proposition ◘
　　　　　　プロポズィスィヨン
　　　　　　／proposer プロポゼ
ティッシュ kleenex ◘ クりネクス
データ　　donnée ◘ ドネ
デート　　rendez-vous ◘ らンデ ヴー
テーブル　table ◘ ターブル
Tシャツ　T-shirt ◘ ティ シューるト
テープレコーダー
　　　　　magnétophone ◘
　　　　　　マニェトフォンヌ
定期券　　carte d'abonnement ◘
　　　　　　キャるト ダボンヌマン
抵抗／抵抗する résistance ◘
　　　　　　れズィスタンス
　　　　　　／résister れズィステ
停車／停車する arrêt ◘ アれ
　　　　　　／s'arrêter サれテ
提出する　présenter プれザンテ
定食　　　menu ◘ ムニュ
程度　　　degré ◘ ドゥグれ
丁寧な　　poli/e ポリ
手紙　　　lettre ◘ レットる
　＜手紙を出す＞envoyer une lettre
　　　　　　アンヴォワイエ ゆヌ レットる
敵　　　　ennemi/e エヌミ
適当な　　convenable コンヴナーブル
~できる　pouvoir プヴォワーる
　　　　　　／savoir サヴォワーる
　＜サッカーができる＞
　　　　　savoir jouer au foot
　　　　　　サヴォワーる ジュエ オ フット
出口　　　sortie ◘ ソるティ
デザート　dessert ◘ デッセーる
デザイン／デザインする
　　　　　　dessin ◘ デッサン
　　　　　　／dessiner デスィネ

手数料	commission コミッスィヨン		電子の	électronique エレクトロニック
鉄	fer フェール		電子レンジ	micro-ondes ミクロオンド
手付金	arrhes（複）アール		**電車**	train トラン
手伝う	aider エデ		店主	patron/ne パトロン/ヌ
鉄道	chemin de fer シュマン ドゥ フェール		天井	plafond プラフォン
出て行く	s'en aller サン ナレ		伝染病	maladie contagieuse マラディ コンタジうーズ
テニス	tennis テニス		電池	pile ピル
デパート	grand magasin グらン マガザン		伝統	tradition トらディスィヨン
手放す	céder セデ		天皇陛下	empereur アンプるール
出迎えに行く	aller chercher アレ シェるシェ		伝票	facture ファクテゅーる
デモ	manifestation マニフェスタスィヨン		でんぷん	amidon アミドン
でも	mais メ		電報	télégramme テレグらム
寺	temple タンプル		展覧会	exposition エクスポズィスィヨン
出る	sortir ソるティーる		**電話**	téléphone テレフォンヌ
テレビ	télévision テレヴィズィヨン		公衆電話	téléphone public テレフォンヌ ピゅブリック
点	point ポワン		＜電話をする＞	téléphoner テレフォネ
＜20点（満点）だった。＞ J'ai eu vingt (sur vingt). ジェ ゆ ヴァン(スゅーる ヴァン)			＜電話を切る＞	raccrocher らクろシェ
その点	sur ce point スゅーる ス ポワン		電話番号	numéro de téléphone ニゅメろ ドゥ テレフォンヌ

と

店員	vendeur/se ヴァンドゥーる/ズ
天気	temps タン
天気予報	météo メテオ
電気の	électrique エレクトリック
家庭電気製品	électroménager エレクトろメナジェ
電気代	tarif d'électricité タりフ デレクトりスィテ
伝記	biographie ビヨグらフィ
電球	ampoule アンプル
天国	paradis パらディ
伝言	message メッサージュ
～と	et エ
戸（ドア）	porte ポるト
度	degré ドゥグれ ／ fois フォワ
＜今日の気温は20度です。＞ Il fait vingt degrés aujourd'hui. イル フェ ヴァン ドゥグれ オジゅるデゅイ	
一度に	à la fois ア ラ フォワ
問い合わせる	demander à ～ ドゥマンデア
ドイツ	Allemagne アルマーニュ
ドイツ語	allemand アルマン

ドイツ人／ドイツの	allemand/e アルマン/ド		動物	animal アニマル／ animaux（複）アニモー
トイレ	toilettes （複）トワレット		動物園	zoo ゾー
党	parti パるティ		東北部	le Nord-Est ル ノーる エスト
同意する	consentir コンサンティーる		とうもろこし	maïs マイス
どういたしまして	je vous en prie ジュ ヴ ザン プり		同様の	pareil/le パれーイ
			遠い	loin ロワン
同一の	identique イダンティック		通す	faire passer フェーる パセ
唐辛子	piment ピマン		トースト	pain grillé パン グりエ
登記／登記する	enregistrement アンるジストるマン／ enregistrer アンるジストれ		通り	rue りゅ
			通り過ぎる	passer devant パセ ドヴァン
			とかげ	lézard レザーる
動悸	palpitation パルピタスィヨン		溶かす／溶ける	fondre フォンドる
道具	outil ウティ		尖った	pointu/e ポワンテゅ
統計	statistique スタティスティック		時	temps タン
同行する	accompagner アコンパニエ		時々	de temps en temps ドゥ タン ザン タン
投資／投資する	investissement アンヴェスティッスマン／ investir アンヴェスティーる		毒	poison ポワゾン
			独身の	célibataire セリバテーる
			特に	surtout スゅるトゥー
どうしたの？	qu'est-ce que tu as? ケスク テゅ ア		特別な	spécial/e スペスィアル
			とげ	épine エピンヌ
どうして	pourquoi プるコワ		時計（腕）	montre モントる
同時に	en même temps アン メーム タン		（大時計）	horloge オるロージュ
同情する	plaindre プランドる		どこ	où ウ
当然	naturellement ナテゅれルマン		床屋	salon de coiffure サロン ドゥ コワッフゅーる
どうぞ	s'il vous plaît スィル ヴ プレ			
＜どうぞよろしく＞	Enchanté/e. アンシャンテ		所	endroit アンドロワ
			都市	ville ヴィル
到着／到着する	arrivée アりヴェ／ arriver アりヴェ		年	âge アージュ
			年とった	âgé/e アジェ／ vieux/vieille ヴィゥー/ヴィエーイ
（～は）どうですか？	voulez-vous ~? ヴれ ヴ			
盗難	vol ヴォル		図書館	bibliothèque ビブリヨテック
東南アジア	Asie du Sud-Est アズィ デゅ スゅッド エスト		閉じる	fermer フェるメ
			土地	terrain テらン
豆腐	pâte de soja パート ドゥ ソジャ		途中	à moitié chemin

243

どちら	lequel	ルケル ア モワティエ シュマン
	/ laquelle	ラケル
<どちらでもいい>	ça m'est égal	サ メ テガル
特価	prix spécial	プリ スペスィアル
届ける	livrer	リヴれ
どなた	qui	キ
どの	quel/le	ケル
どのくらいの	combien de~	コンビあンドゥ
どのような	comment	コマン
どのように	comment	コマン
飛ぶ	voler	ヴォレ
トマト	tomate	トマット
泊まる	loger	ロジェ
止まる／止める	s'arrêter	サれテ
	/ arrêter	アれテ
ともかく	en tout cas	アン トゥ カ
友達	ami/e	アミ
共に	ensemble	アンサンブル
土曜日	samedi	サムディ
とら	tigre	ティーグる
ドライクリーニング	nettoyage à sec	ネットワイヤージュ ア セック
ドライバー（運転者）	automobiliste	オトモビリスト
（ネジ回し）	tournevis	トゥるヌヴィス
ドライブ	randonnée en voiture	らンドネ アン ヴォワテゅーる
トラブル	problèmes (複)	プろブレム
<トラブルにあう>	avoir des problèmes	アヴォワーる デ プろブレム
トラベラーズチェック	chèque de voyage	シェック ドゥ ヴォワイヤージュ
トランプ	cartes à jouer (複)	キャルト ア ジュエ
鳥	oiseau	ワゾー
取消／取り消す	annulation	アニュラスィヨン
	/ annuler	アニュレ
取り締まる	surveiller	スゅるヴェイエ
鶏肉	poulet	プーレ
トリュフ	truffe	トりゅッフ
努力する	faire des efforts	フェーる デ ゼフォーる
取る	prendre	プらンドる
<ボールを取る>	attraper la balle	アトらペ ラ バル
撮る	prendre	プらンドる
<写真を撮る>	prendre une photo	プらンドる ゆヌ フォト
ドル	dollar	ドラーる
どれ	lequel	ルケル
	/ laquelle	ラケル
	/ lesquels (複)	レケル
	/ lesquelles (複)	レケル
ドレッシング	vinaigrette	ヴィネグれット
泥棒	voleur/se	ヴォルーる/ズ
トンネル	tunnel	テゅネル
どんぶり	bol	ボル
とんぼ	libellule	リベリゅル

な

無い	il n'y a pas	イル ニア パ
内科医	médecin généraliste	メドサン ジェネらリスト
内閣	gouvernement	グヴェるヌマン

内線	poste ポスト
ナイトスポット	boîte de nuit ボワット ドゥ ニュイ
ナイフ	couteau クトー
内部	intérieur アンテリうーる
ナイロン	nylon ニロン
直す（修理）	réparer れパれ
（訂正）	corriger コリジェ
治す	soigner ソワニエ
＜風邪を治す＞	soigner son rhume ソワニエ ソン りゅム
＜歯を治してもらう＞	se faire soigner les dents ス フェーる ソワニエ レ ダン
長い	long/ue ロン/グ
長靴	botte ボット
長袖	manches longues （複）マンシュ ロング
仲間	camarade キャマらッド
中味／内容	contenu コントニュ
眺める	regarder るギャるデ
流れる	couler クれー
鳴く	crier クリエ
犬が鳴く	aboyer アボワイエ
ネコが鳴く	miauler ミヨれ
牛が鳴く	meugler ムグレ
小鳥が鳴く	chanter シャンテ
泣く	pleurer プルーれ
なくす	perdre ぺるドる
＜財布をなくす＞	perdre son portefeuille ぺるドる ソン ぽるトフーイ
なくなる	disparaître ディスパれットる
なぜ	pourquoi プるコワ
なぜなら	parce que パるスク
夏	été エテ
夏休み	vacances d'été （複）ヴァカンス デテ
懐しい	avoir la nostalgie de ~ アヴォワーる ラ ノスタルジ ドゥ
～など	etc. エトセトラ
七	sept セット
何	qu'est-ce que ケスク
＜これは何ですか。＞	Qu'est-ce que c'est? ケスク セ
＜何時ですか。＞	Quelle heure est-il? ケルーる エ_ティル
ナフキン	serviette せるヴィエット
ナプキン	seviette hygiénique せるヴィエット イジエニック
鍋	marmite マるミット
名前（姓／名）	nom ノン／ prénom プれノン
怠け者	paresseux/se パれッスー/ズ
怠ける	paresser パれセ
生の	cru/e クりゅ
波	vague ヴァーグ
並木道	avenue アヴニュ
涙	larme らルム
舐（な）める	lécher レシェ
悩む	se tourmenter pour ストゥるマンテ プーる
習う	apprendre アプらンドる
並べる	disposer ディスポゼ
（～に）なる	devenir ドヴニーる
縄	corde コるド
ナンバー	numéro ニュメろ
南部	le Sud ル スゅッド

245

に

二	deux	ドゥー
(〜に)似合う	aller à 〜	アレア
匂う	sentir	サンティール
苦い	amer/ère	アメール
二月	février ◘	フェヴリエ
握る	tenir	トゥニール
<手を握る>	serrer la main	セれ ラマン
肉	viande ◘	ヴィアンド
憎む	haïr	アイール
憎らしい	haïssable	アイッサーブル
逃げる	fuir	フゥイール
煮込む	mijoter	ミジョテ
西	ouest ◘	ウエスト
偽物／偽の	faux ◘	フォー
	/ faux/sse	フォー/ス
日時	la date et l'heure ◘	ラ ダット エ ルール
日常の	quotidien/ne	コティディあン/エンヌ
日曜日	dimanche ◘	ディマンシュ
〜について	quant à 〜	カン タ
日記	journal ◘	ジュるナル
日中	pendant la journée	パンダン ラ ジュるネ
似ている	ressembler	るサンブレ
<彼は母親に似ている>	il ressemble à sa mère	イル るサンブル ア サ メール
日本	Japon ◘	ジャポン
日本語	japonais ◘	ジャポネ
日本人	Japonais/e ◘	ジャポネ/ーズ
日本の	japonais/e ◘	ジャポネ/ーズ
日本料理	cuisine japonaise ◘	キュイズィンヌ ジャポネーズ
荷物	bagage ◘	バギャージュ
入院	hospitalisation ◘	オスピタリザスィヨン
入会する	adhérer à 〜	アデれア
入学する	entrer à 〜	アントれア
（学校に）	entrer à l'école	アントれ ア レコール
（大学に）	entrer à l'université	アントれ ア リュニヴェるスィテ
入国管理局	l'Immigration ◘	リミグらスィヨン
入場料	droit d'entrée ◘	ドロワダントれ
ニュース	nouvelle ◘	ヌーヴェル
尿	urine ◘	ゆりンヌ
煮る	cuire	キュイール
庭	jardin ◘	ジャるダン
鶏（にわとり）	coq ◘	コック
	/ poule ◘	プール
人形	poupée ◘	プペ
人間	être humain ◘	エートる ゆマン
妊娠／妊娠している	conception ◘	コンセプスィヨン
	/ être enceinte	エートる アンサント
人参	carotte ◘	キャロット
にんにく	ail ◘	アーイ

ぬ

縫う	coudre	クードる
ヌード	nu ◘	ニゅ
脱ぐ	se déshabiller	ス デザビエ
盗む	voler	ヴォレ
布	tissu ◘	ティスゅ
沼	marais ◘	マれ

塗る	peindre パンドる
＜薬を塗る＞	appliquer une crème アプリケ ゆヌ クれーム
ぬるい	tiède ティエッド
濡れる	se mouiller ス ムイエ
＜雨に濡れる＞	être mouillé/e par la pluie エートる ムイエ パーる ラ プリゅイ

ね

根	racine らスィンヌ
値	prix プリ
値上げする	augmenter le prix オグマンテ ル プリ
願う	souhaiter スウェテ
＜〜さんをお願いします（会う）。＞	Je voudrais voir Monsieur/Madame ~. ジュ ヴドれ ヴォワーる ムスィゅー
＜内線5番をお願いします。＞	Le poste 5, s'il vous plaît. ル ポスト サンク スィル ヴプレ
葱（ねぎ）	poireau ポワろー
値切る	marchander マるシャンデ
ネクタイ	cravate くらヴァット
ネグリジェ	chemise de nuit シュミーズ ドゥ ニゅイ
猫	chat シャ
値下げする	baisser le prix ベッセ ル プリ
ねずみ	souris スーり
ねたむ	envier アンヴィエ
＜私はマリーをねたんでいる＞	j'envie Marie ジャンヴィ マり
値段	prix プリ
熱（物体の）	chaleur シャルーる
（病気の）	fièvre フィエーヴる

ネックレス	collier コリエ
ネットワーク	réseau れゾー
値引きする	faire une réduction sur le prix フェール ゆヌ れデュクスィヨン スゅーる ル プり
寝坊する	faire la grasse matinée フェール ラ グらッス マティネ
眠い	avoir sommeil アヴォワーる ソメーイ
眠る	dormir ドるミーる
寝る	se coucher ス クシェ
年	an アン／ année アネ
年金	pension パンスィヨン
捻挫	entorse アントるス
年始	le nouvel an ル ヌーヴェル アン
年末	fin de l'année ファン ドゥ ラネ
年齢	âge アージュ

の

ノイローゼ	névrose ネヴろーズ
脳	cerveau せるヴォー
脳出血	hémorragie cérébrale エモらジ セれブラル
脳梗塞	infarctus cérébral あンファるクテゅス セれブラル
ノート	cahier カイエ
農家	ferme フェるム
農業	agriculture アグりキゅルテゅーる
農民	agriculteur/trice アグりキゅルトゥーる/トりス
納税する	payer ses impôts ペイエ セ ザンポ
能率	efficacité エフィカスィテ

247

能力	capacité ◘ キャパスィテ
除く	enlever アンルヴェ
後ほど	plus tard プリュ ターる
喉（のど）	gorge ◘ ゴるジュ

<喉が痛い> avoir mal à la gorge
　　アヴォワーる マル ア ラ ゴるジュ
<喉が乾く> avoir soif
　　　　アヴォワーる ソワフ

伸ばす	allonger アロンジェ

<写真を伸ばす>
　　agrandir une photo
　　アグらンディーる ゆヌ フォト

延ばす	prolonger プろロンジェ
野原	champs ◘(複) シャン
登る	monter モンテ

<富士山に登る>
　　monter au sommet du mont Fuji
　　モンテ オ ソメ デュ モン フジ

昇る	se lever ス ルヴェ

<日が昇る> le soleil se lève
　　　　ル ソレーイ ス レーヴ

～のみ	seul/e スール
飲み水	eau potable ◘ オー ポターブル
飲物	boisson ◘ ボワッソン
飲む	boire ボワーる

<飲みに行く> prendre un pot
　　　　プらンドる アン ポ

糊（のり）	colle ◘ コル

乗り換え／（～を）乗り換える
　　changement ◘ シャンジュマン
　　／ changer de ~ シャンジェ ドゥ

乗り継ぎ	correspondance ◘
	コれスポンダンス
乗り物	véhicule ◘ ヴェイキュル
乗る	monter モンテ

<車に乗る> monter en voiture
　　　　モンテ アン ヴォワテューる

のんびり	tranquillement
	トらンキルマン

は

葉	feuille ◘ フーイ
歯	dent ◘ ダン

<歯が痛い> avoir mal aux dents
　　アヴォワーる マル オ ダン

歯ブラシ	brosse à dents ◘
	ブろス ア ダン
パーセント	pourcentage ◘
	プーるサンタージュ
パーティー	soirée ◘ ソワれ

パーマ／パーマをかける
　　permanente ◘ ぺるマナント
　　／ se faire faire une permanente
　　ス フェーる フェーる ゆヌ
　　ぺるマナント

肺	poumon ◘ プーモン
灰	cendre ◘ サンドる
～倍	~ fois ◘ plus フォワ プリュス
3倍	trois fois plus
	トろワ フォワ プリュス
灰色／灰色の	gris ◘ グリ
	／ gris/e グリ/ーズ
ハイウェー	autoroute ◘ オトるート
排気ガス	gaz d'échappement ◘
	ガーズ デシャップマン
ハイキング	randonnée ◘ らンドネ
配偶者	époux/se エプー/ズ
灰皿	cendrier ◘ サンドりエ
歯医者	dentiste ◘◘ ダンティスト
配達／配達する	livraison ◘ リヴれゾン
	／ livrer リヴれ
パイナップル	ananas ◘ アナナ

パイプ	tuyau ◘ テュイヨー
俳優	acteur/trice アクトゥーる/トリス
入る	entrer アントれ
蠅（はえ）	mouche ◘ ムーシュ
馬鹿	bête ◘◘ ベット
＜馬鹿にする＞	se moquer de ス モケ ドゥ
葉書	carte postale ◘ キャルト ポスタル
(〜した)ばかり	venir de〜 ヴニーる ドゥ
＜今帰ったばかり＞	je viens de rentrer ジュ ヴィあん ドゥ らントれ
はかる（寸法を測る）	mesurer ムズゅれ
（重さを量る）	peser プゼ
はく	mettre メットる
＜靴下をはく＞	mettre ses chaussettes メットる セ ショセット
吐く	vomir ヴォミーる
＜食べたものを吐く＞	vomir son repas ヴォミーる ソン るパ
掃く	balayer バレイエ
＜落葉を掃く＞	balayer les feuilles mortes バレイエ フーイ もルト
白菜	chou chinois ◘ シュー シノワ
爆発／爆発する	explosion ◘ エクスプロズィヨン／exploser エクスプロゼ
博物館	musée ◘ ミゅゼ
禿（は）げた	chauve ショーヴ
バケツ	seau ◘ ソー
励ます	encourager アンくらジェ
箱	boîte ◘ ボワット
運ぶ	transporter トランスポるテ
はさみ	ciseaux ◘（複）スィゾー
挟む	se coincer ス コワンセ
＜手を挟んだ＞	je me suis coincé les doigts dans une porte ジュ ム スィ コワンセレ ドワ ダン ズゅヌ ポるト
端	bout ◘ ブー
橋	pont ◘ ポン
箸	baguettes ◘（複）バゲット
はしか	rougeole ◘ るージョル
始まる／始める	commencer コマンセ
＜会議が始まる＞	la réunion commence ラ れユニヨン コマンス
初めて	pour la première fois プール ラ プるミエール フォワ
はじめまして	enchanté/e アンシャンテ
場所	lieu ◘ リュー
柱	pilier ◘ ピリエ
走る	courir クリーる
蓮（はす）	lotus ◘ ロテゅス
バス（路線）	autobus ◘ オトビュス
（観光）	car ◘ キャーる
恥ずかしい	honteux/se オントゅー/ズ
バスタオル	serviette de bain ◘ セるヴィエット ドゥ バン
バス停	arrêt ◘ d'autobus アれ ドトビゅス
パスポート	passeport ◘ パスポーる
パスワード	mot de passe ◘ モ ドゥ パス
パソコン	ordinateur personnel ◘ オるディナトゥーる ぺるソネル
旗	drapeau ◘ ドらポー

249

バター	beurre ◘ ブーる		離れる	quitter キテ	
畑	champ ◘ シャン		母	mère ◘ メーる	
働く	travailler トらヴァイエ		幅	largeur ◘ らるジューる	
蜂	abeille ◘ アベーイ		省く（省略する）omettre オメットる		
八	huit ゆイット		歯ブラシ brosse à dents ◘		
発音／発音する prononciation ◘				ブロッス ア ダン	
	プロノンスィアスィヨン		歯磨き	dentifrice ◘ ダンティフリス	
／ prononcer プロノンセ			ハム	jambon ◘ ジャンボン	
はっきり clairement クレーるマン			速く／速さ／速い vite ヴィット		
発見／発見する découverte ◘			／ vitesse ◘ ヴィテッス		
	デクヴェるト		／ rapide らピッド		
／ découvrir デクヴりーる			早く	tôt ト	
発展／発展する développement ◘			林	bois ◘ ボワ	
	デヴロップマン		腹	ventre ◘ ヴァントる	
／ se développer			払う（お金を）payer ペイエ		
	ス デヴロッペ		（ほこりを）épousseter エプステ		
発表／発表する présentation ◘			針	aiguille ◘ エギゅイーユ	
	プレザンタスィヨン		馬力	cheval-vapeur ◘	
／ présenter プれザンテ				シュヴァル ヴァプーる	
派手な	voyant/e ヴォワイヤン/ト		／ chevaux（複）シュヴォー		
鼻	nez ◘ ネ		貼りつける apposer アポゼ		
＜鼻血が出る＞ saigner du nez			春	printemps ◘ プらンタン	
	セニェ デゅ ネ		バレエ	ballet ◘ バレ	
花	fleur ◘ フルーる		腫れる	s'enfler サンフレ	
花柄の à fleurs ア フルーる			パン	pain ◘ パン	
話／（〜について）話す conversation ◘			バゲット baguette ◘ バゲット		
	コンヴェるサスィヨン		クロワッサン croissant ◘ クろワッサン		
／ parler de 〜 パるレ ドゥ			食パン pain de mie ◘ パン ドゥ ミ		
話し中（電話）être occupé			繁栄する prospérer プろスペれ		
	エートる オキゅペ		ハンカチ mouchoir ◘ ムショワーる		
＜話し合いがつく＞			パンクする crever クるヴェ		
	se mettre d'accord sur 〜		番組	émission ◘ エミッスィヨン	
	ス メットる ダッコーる スゅーる		判決	jugement ◘ ジュージュマン	
＜日本語を話す＞ parler le japonais			番号	numéro ◘ ニゅメろ	
	パるレル ジャポネ		晩ご飯	dîner ◘ ディネ	
バナナ	banane ◘ バナンヌ		犯罪	crime ◘ クりム	

万歳	hourra ウら

ハンサムな beau ボー
半ズボン culotte courte ◘ キュロット クると
半袖 manches courtes ◘（複）マンシュ くると
反対／（〜に）反対する opposé ◘ オポゼ／s'opposer à 〜 ソポゼ ア
反対側 l'autre côté ◘ ロートる コテ
パンツ slip ◘ スリップ
バンド ceinture ◘ サンテゅーる
ハンドバッグ sac à main ◘ サック アマン
ハンバーガー hamburger ◘ アンブるグーる
販売／販売する vente ◘ ヴァント／vendre ヴァンドる
パンフレット brochure ◘ ブロシューる
半分 moitié ◘ モワティエ
判を押す apposer un cachet アポゼ あン カシェ

ひ

火 feu ◘ フー
ピーナッツ cacahouète ◘ カカウエット
ピーマン poivron ◘ ポワヴロン
ビール／生ビール bière ◘ ビエーる／pression ◘ プれッスィヨン
比較／比較する comparaison ◘ コンパれゾン／comparer コンパれ
＜AとBを比較する＞ comparer A avec B コンパれ A アヴェック B
東 est ◘ エスト
光／光る lumière ◘ リゅミエーる／briller ブリエ
引き出し tiroir ◘ ティろワーる
引き伸ばす agrandir アグランディーる
＜写真を引き伸ばす＞ agrandir une photo アグランディーる ゆヌ フォト
引く tirer ティれ
＜カーテンを引く＞ tirer les rideaux ティれ レ りドー
弾く jouer de ジュエ ドゥ
＜ピアノを弾く＞ jouer du piano ジュエ デゅ ピヤノ
低い（背が）petit/e プティ/ット
ひげ（あご／口）barbe ◘ バるブ／moustache ◘ ムスタッシュ
＜ひげを剃る＞ se raser ス らゼ
飛行機 avion ◘ アヴィヨン
飛行場 aéroport ◘ アエろポーる
膝（ひざ）genou ◘ ジュヌー
ビザ visa ◘ ヴィザ
ピザ pizza ◘ ピッザ
久しぶり il y a longtemps que je ne vous ai pas vu/e イリア ロンタン ク ジュ ヌ ヴ_ゼ パ ヴゅ
肘（ひじ）coude ◘ クード
ビジネス affaires ◘（複）アフェーる
美術 art ◘ アーる
美術館 musée ◘ ミゅゼ
秘書 secrétaire ◘ ◘ スクれテーる
微笑／微笑する sourire ◘ スりーる／sourire スりーる
非常に très トれ
美人 belle ◘ ベル
左の gauche ゴーシュ
びっくりする s'étonner de 〜 セトネ ドゥ

251

日付	date ◘ ダット
引っ越す	déménager デメナジェ
	／ emménager アンメナジェ
羊	mouton ◘ ムートン
ひっつく	se coller ス コレ
必要な	nécessaire ネセセーる
否定する	nier ニエ
ビデオ	vidéo ◘ ヴィデオ
人	personne ◘ ぺるソンヌ
等しい	égal/e エガル
一つ	un/e あン/ゆヌ
一人	seul/e スール
＜一人で行く＞	aller seul/e アレ スール
非難／非難する	reproche ◘ るプろッシュ
	／ reprocher るプろッシェ
避妊／避妊する	contraception ◘ コントらセプスィヨン
	／ être sous contraception エートる スコントらセプスィヨン
ひねる	tordre トるドる
＜手をひねって痛い＞	
	je me suis tordu le poignet et ça me fait mal ジュ ム スィ トるデュル ポワニエ エ サム フェ マル
皮膚	peau ◘ ポー
暇／暇だ	temps libre ◘ タン リーブる
	／ libre リーブる
秘密／秘密の	secret ◘ スクれ
	／ secret/ète スクれ/ット
紐(ひも)	ficelle ◘ フィッセル
百	cent サン
百万	million ◘ ミリヨン
表	tableau ◘ タブロー
秒	seconde ◘ スゴンド
病院	hôpital ◘ オピタル
美容院	salon de coiffure ◘ サロン ドゥ コワッフゅーる
病気	maladie ◘ マラディ
病人／病気の	malade ◘◘ マラッド
評判	réputation ◘ れピゅタスィヨン
表面	surface ◘ スゅるファス
開く	ouvrir ウヴりーる
ひりひり痛む	ça me picote サム ピコット
＜鼻がひりひり痛む＞	
	j'ai le nez qui me picote ジェル ネ キ ム ピコット
昼	midi ◘ ミディ
昼ご飯	déjeuner ◘ デジュネ
昼休み	pause de midi ◘ ポーズ ドゥ ミディ
ビル	immeuble ◘ イムーブル
広い	spacieux/se スパスィゥー/ズ
拾う	ramasser らマセ
広げる	étendre エタンドる
広さ	étendue ◘ エタンデゅ
広場	place ◘ プラス
瓶(びん)	bouteille ◘ ブテーイ
品質	qualité ◘ カリテ
便箋	papier à lettres ◘ パピエ ア レットる
貧乏人	pauvre ◘◘ ポーヴる

ふ

ファックス	fax ◘ ファクス
部	service ◘ セるヴィス
技術部	services techniques セるヴィス テクニック
フィルム	pellicule ◘ ペリキゅル
風景	paysage ◘ ペイザージュ
封筒	enveloppe ◘ アンヴロップ

夫婦	couple クープル
プール	piscine ピッスィンヌ
増える	augmenter オグマンテ
フォーク	fourchette フるシェット
深い	profond/e プロフォン/ド
布巾	torchon トるション
拭く	essuyer エスュイエ
吹く	souffler スフレ
服	vêtement ヴェットマン
＜服を着る＞	s'habiller サビエ
＜服を仕立てる＞	
	se faire faire un costume ス フェーる フェーる あん コステュム
複雑な	compliqué/e コンプリケ
福祉	aide sociale エッド ソスィアル
復習／復習する	révision れヴィズィヨン ／ réviser れヴィゼ
袋	sac サック
不幸	malheur マルーる
不十分な	insuffisant/e あんスュフィザン/ト
婦人	femme ファム
不正な	injuste あンジュスト
防ぐ	défendre デファンドる
ふた	couvercle クーヴェるクル
豚	cochon コション
豚肉	porc ポーる
二つ	deux ドゥー
ふち（帽子などの）	bord ボーる
部長	directeur/trice ディれクトゥーる/トりス
ぶつ（殴る）	battre バットる
普通の	ordinaire オるディネーる
二日酔い	avoir la gueule de bois アヴォワーる ラ グール ドゥ ポワ

ぶつかる	se heurter ス うるテ
＜ドアにぶつかる＞	
	se heurter contre une porte ス うるテ コントる ゆヌ ポるト
仏教	bouddhisme ブディスム
仏像	statue bouddhique スタテュ ブディック
ぶどう	raisin れザン
ぶどう酒	vin ヴァン
太い／太った	gros/se グろ/ッス
太る	grossir グろッスィーる
船	bateau バトー
部品	pièce ピエス
部分	partie パるティ
不平／不平を言う	
	plainte プラント ／ se plaindre ス プランドる
不便な	incommode あンコモッド
踏む	marcher sur マるシェ スューる
増やす	augmenter オグマンテ
冬	hiver イヴェーる
フライ	friture フりテューる
フライト	vol ヴォル
フライパン	poêle ポワル
ブラウス	chemisier シュミズィエ
ブラシ	brosse ブろッス
プラスチック	plastique プらスティック
フランス	France フらンス
フランス人	Français/e フらンセ/ーズ
フランス語	français フらンセ
ブランド	marque マるク
降る	pleuvoir プルヴォワーる
＜雨が降る＞	il pleut イル プルー
古い	vieux/vieille ヴィゆー/エーイ
震える	trembler トらンブレ

253

ブレーキ	frein	フラン
ブレスレット	bracelet	ブらスレ
プレゼント	cadeau	カドー
触れる	toucher	トゥシェ
風呂	bain	バン
＜風呂に入る＞	prendre son bain	プらンドる ソン バン
ブローチ	broche	ブロッシュ
プログラム	programme	プログラム
フロント	réception	れセプスィヨン
文化	culture	キュルテューる
文学	littérature	リテらテューる
文	phrase	フらーズ
文法	grammaire	グらンメーる
文房具	articles de bureau（複）	アるティクル ドゥ ビュろー

へ

平均／平均する	moyenne	モワイエンヌ
／faire la moyenne		フェーる ラ モワイエンヌ
平方メートル	mètre carré	メートる キャれ
ベーコン	lard fumé	らーる フュメ
ページ	page	パージュ
閉店する	fermer la boutique	フェるメ ラ ブティック
平和	paix	ペ
下手な	maladroit/e	マラドろワ/ット
ベッド	lit	リ
別に	en plus	アン プリュス
別の	autre	オートる
蛇	serpent	セるパン
部屋	pièce	ピエス
寝室	chambre	シャーンブる
ベランダ	balcon	バルコン
へり	bord	ボーる
ベル	sonnette	ソネット
ベルト	ceinture	サンテューる
ペン	stylo	スティロ
変化／変化する	changement	シャンジュマン
／changer		シャンジェ
弁解する	s'expliquer	セクスプリケ
ペンキ／ペンキを塗る	peinture	パンテューる
／peindre		パンドる
返却／返却する	restitution	れスティテュスィヨン
／restituer		れスティテュエ
勉強／勉強する	étude	エテュッド
／étudier		エテュディエ
変更／変更する	changement	シャンジュマン
／changer		シャンジェ
弁護士	avocat/e	アヴォカ/ット
返事	réponse	れポンス
便所	toilettes（複）	トワレット
弁当	casse-croûte	カッス クるート
変な	étrange	エトらンジュ
便秘する	être constipé/e	エートる コンスティペ
便利な	pratique	プらティック

ほ

ボーイ	garçon	ギャるソン
ボーイフレンド	petit ami	プティタミ
貿易	commerce extérieur	コメるス エクステリうーる
方角／方向	direction	ディれクスィヨン
ほうき	balai	バレ

方言	dialecte ◘ ディアレクト
報告	rapport ◘ らポーる
帽子	chapeau ◘ シャポー
宝石	bijou ◘ ビジュー
放送	émission ◘ エミッスィヨン
包丁	couteau ◘ クトー
ボート	barque ◘ バるク
方法	moyen ◘ モワイヤン

訪問／〜を訪問する
　　　　visite ◘ ヴィズィット
　　　／ rendre visite à ~
　　　　らンどる ヴィズィット ア

法律	loi ◘ ロワ
ボーナス	prime ◘ プりム

ボール（球／台所用）balle ◘ バル
　　　／ bol ◘ ボル
ボールペン stylo à bille ◘
　　　　スティロ ア ビーユ

他の	autre オートる

補給／補給する ravitaillement ◘
　　　　らヴィターイマン
　　　／ ravitailler らヴィタイエ

ボクシング boxe ◘ ボックス
北部	Le Nord ル ノーる
ポケット	poche ◘ ポッシュ
保険	assurance ◘ アスゅらンス
ほこり	poussière ◘ プスィエーる
星	étoile ◘ エトワール
欲しい	vouloir ヴロワーる

＜これが欲しい＞ je voudrais ceci
　　　　ジュ ヴドれ ススィ

募集／募集する
　　　　recrutement ◘
　　　　るクりゅットマン
　　　／ recruter るクりゅテ
| 保証金 | caution ◘ コースィヨン |

保証／保証する
　　　　garantie ◘ ギャらンティ
　　　／ garantir ギャらンティーる
干す	sécher セシェ

＜洗濯物を干す＞ sécher le linge
　　　　セシェ ル ランジュ
ポスト	boîte aux lettres ◘
	ボワット オレットる
細い	fin/e ファン/フィンヌ
ボタン	bouton ◘ ブトン
ホテル	hôtel ◘ オテル
歩道橋	passerelle ◘ パッスれル
ほとんど	presque プれスク
骨	os ◘ オス
微笑む	sourire スりーる
褒める	féliciter フェリスィテ

ボランティア／ボランティアの
　　　　bénévole ◘◘ ベネヴォル
掘る	creuser クるーゼ
本	livre ◘ リーヴる
本当の	vrai/e ヴれ
本当に	vraiment ヴれマン
本物	objet véritable ◘
	オブジェ ヴェりターブル
本屋	librairie ◘ リブれり
翻訳する	traduire トらデゅイーる

ま

マーガリン margarine ◘ マるガリンヌ
マーク	marque ◘ マるク

＜容疑者をマークする＞
　　　avoir l'œil sur le suspect
　　　　アヴォワーる ルーイ スゅーる
　　　　ル スゅスペ
まあまあです comme ci comme ça
　　　　コム スィ コム サ

255

枚	tranche トランシュ

毎（朝／日／月／年） tous les
　　(matins / jours / mois / ans)
　　　トゥ レ（マタン／ジューる
　　　　　　　／モワ／ ザン）
マイクロバス minibus ミニビゅス
前　　　avant アヴァン
前金　　avance アヴァンス
前もって à l'avance ア ラヴァンス
前払いする payer d'avance
　　　　　ペイエ ダヴァンス
曲がった courbé/e クるべ
曲がる／曲げる se courber ス クるべ
　　　／ courber クるべ
巻く　　rouler るレ
枕　　　oreiller オれイエ
枕カバー taie d'oreiller テ ドれイエ
負ける　perdre ぺるドる
　＜試合に負ける＞ perdre un match
　　　　　ぺるドる アン マッチ
孫　　　petit-fils プティ フィス
　　　／ petite-fille
　　　　　プティット フィーユ
混ざる　se mélanger ス メランジェ
まずい　mauvais/e モヴェ/ーズ
貧しい　pauvre ポーヴる
混ぜる　mélanger メランジェ
　＜お酢と油を混ぜる＞
　　　mélanger l'huile et le vinaigre
　　　メランジェ リゅイル エル ヴィネーグる
また　　encore アンコーる
まだ　　pas encore パ ザンコーる
町／街　ville ヴィル
間違い　erreur エるーる
間違う／間違える
　　　　se tromper ストロンぺ

待つ　　attendre アタンドる
マッサージ massage マッサージュ
まっすぐ droit/e ドろワ/ット
まったく〜ない　　pas 〜 du tout
　　　　　　　　パ 〜 デゅ トゥ
マッチ　allumette アリゅメット
祭　　　fête フェット
〜まで　jusqu'à 〜 ジゅスカ
〜までに avant 〜 アヴァン
　＜7時までに＞ avant sept heures
　　　　　アヴァン セットゥーる
窓　　　fenêtre フネートる
窓口　　guichet ギシェ
まとめる mettre ensemble
　　　　メットる アンサンブル
まな板　planche à découper
　　　　プランシュ ア デクペ
学ぶ　　apprendre アプランドる
間にあう être à l'heure
　　　　エートる ア ルーる
マニュアル manuel マニゅエル
マネージャー manager マナジューる
真似る　imiter イミテ
魔法瓶　thermos テるモス
豆
　いんげん豆 haricot vert
　　　　アりコ ヴェーる
　大豆　soja ソジャ
　グリンピース petits pois （複）
　　　　プティ ポワ
間もなく bientôt ビあント
守る　　défendre デファンドる
真夜中　minuit ミニゅイ
丸／丸い rond ロン／ rond/e ロン/ド
まるで　on dirait オン ディれ
まれに　rarement らーるマン

周り	alentours ◪（複）アラントゥーる
回る	tourner トゥるネ
万	dix mille ディ ミル
3万円	trente mille yens トラント ミル イエンヌ
漫画	bande dessinée ◪ バンド デスィネ
マンション	appartement ◪ アパルトマン
ワンルームマンション	studio ◪ ステュディオ
満足する	être content/e エーとる コンタン/ト
真ん中	milieu ◪ ミリュー
万年筆	stylo ◪ スティロ

み

見える	voir ヴォワーる
見送る	raccompagner らコンパニエ
＜見送りに行く＞	aller raccompagner. アレ らコンパニエ
磨く	polir ぽリーる
みかん	clémentine ◪ クレマンティンヌ
右	droite ◪ ドろワット
右の	droit/e ドろワ/ット
短い	court/e クーる/ト
ミス（未婚女性）	mademoiselle ◪ マドモワゼル
水	eau ◪ オー
水色／水色の	bleu clair ◪ ブルー クレーる ／ bleu clair ブルー クレーる
湖	lac ◪ ラック
水着	maillot de bain ◪ マイヨ ドゥ バン
水虫	eczéma ◪ エクゼマ
（〜の）水割	〜 à l'eau ア ロー
店（大きめ/小さめ）	magasin ◪ マガザン ／ boutique ◪ ブティック
ミセス	madame ◪ マダム
見せる	montrer モントれ
＜〜を見せてください＞	montrez-moi 〜 s'il vous plaît モントれ モワ 〜 スィル ヴ プレ
味噌	pâte de soja fermenté ◪ パート ドゥ ソジャ フェるマンテ
道	chemin ◪ シュマン／rue ◪ りゅ
見つける	trouver トるヴェ
見つめる	regarder fixement るギャるデ フィクスマン
見積もる	faire un devis フェーる あン ドヴィ
見積書	devis ◪ ドヴィ
密輸入品	contrebande ◪ コントるバンド
認める	admettre アドメットる
緑色／緑色の	vert ◪ ヴェーる ／ vert/e ヴェーる/ト
港	port ◪ ポーる
南	sud ◪ スュッド
みにくい	laid/e レ/ッド
ミネラルウォーター	eau minérale ◪ オー ミネらル
身分証明書（ＩＤ）	carte d'identité ◪ キャるト ディダンティテ
見本	échantillon ◪ エシャンティヨン
見舞う	visiter un malade ヴィズィテ あン マラッド
耳	oreille ◪ オれーイ
土産物	souvenir ◪ スヴニーる
都	ville ◪ ヴィル
苗字	nom de famille ◪ ノン ドゥ ファミーユ

未来	futur ◘ フュテューる
魅力的な	charmant/e シャるマン/ト
見る	regarder るギャるデ
ミルク	lait レ
民衆	peuple ◘ プープル
民主主義	démocratie ◘ デモクらスィ
民族	peuple ◘ プープル

む

無	rien ◘ りあん
迎える	accueillir アクイーる
昔	passé ◘ パッセ
麦(小麦)	blé ◘ ブレ
むくみ	enflure ◘ アンフリューる
虫	insecte ◘ あンセクト
蒸し暑い	il fait une chaleur moite イルフェゆヌ シャルーる モワット
虫歯	dent cariée ◘ ダン キャりエ
蒸す	cuire à la vapeur キュイーる ア ラ ヴァプーる
難しい	difficile ディフィスィル
息子	fils ◘ フィス
結ぶ	nouer ヌエ
娘	fille ◘ フィーユ
無駄な	inutile イニュティル
夢中になる	être passionné/e de ~ エートる パスィヨネ ドゥ
胸	poitrine ◘ ポワトりンヌ
紫色/紫色の	violet ◘ ヴィヨレ / violet/te ヴィヨレ/ット
無理だ	impossible あンポスィーブル
無料	gratuit/e グらテュイ/ット

め

目	œil ◘ ウーイ / yeux(複) イユー <目が痛い> avoir mal aux yeux アヴォワーる マル オ゛ズィうー
姪	nièce ◘ ニエス
名刺	carte de visite ◘ キャるト ドゥ ヴィズィット
名所	endroit célèbre ◘ アンドろワ セレーブる
名物	spécialité ◘ スペスィアリテ
名簿	liste ◘ リスト
名誉	honneur ◘ オヌーる
命令/命令する	ordre ◘ オるドる / ordonner オるドネ
メーカー	fabricant ◘ ファブりカン
メートル	mètre ◘ メートる
眼鏡	lunettes ◘(複) リュネット
目薬	gouttes pour les yeux ◘(複) グート プーる レ゛ズィうー
雌(めす)	femelle ◘ フメル
珍しい	rare らーる
目玉焼	œuf sur le plat ◘ うフ スゅーる ル プラ
メダル	médaille ◘ メダーイ
メニュー	carte ◘ キャるト
メモ/メモする	note ◘ ノット / noter ノテ
メール	mail ◘ メル / courriel ◘ クりエル
めまい	vertige ◘ ヴェるティージュ
綿	coton ◘ コトン
免許	autorisation ◘ オトりザスィヨン
免税	détaxation ◘ デタクサスィヨン
面積	superficie ◘ スゅぺるフィスィ
面倒くさい	embarrassant/e アンバらッサン/ト
メンバー	membre ◘ マンブる

も

~も aussi オスィ
　＜私も行く。＞ Moi aussi, j'y vais.
　　　　　モワ オスィ ジ ヴェ
もう déjà デジャ
　もう一度 encore une fois
　　　　アンコーる ゆヌ フォワ
　＜もうすでに終わった＞
　　　c'est déjà fini
　　　セ デジャ フィニ
儲(もう)ける gagner de l'argent
　　　　ガニエ ドゥ らルジャン
申し込む souscrire à ~ スースクりーる ア
もうすぐ bientôt ビアント
毛布 couverture ◘
　　　クーヴェるテゅーる
燃える brûler ブりゅレ
モーター moteur ◘ モトゅーる
目的 but ◘ ビゅ
木曜日 jeudi ◘ ジュディ
もし~ si スィ
文字 lettre ◘ レットる
もしもし allô アロー
持ち上げる lever ルヴェ
持ち主 propriétaire ◘ ◘
　　　プろプりエテーる
もちろん bien sûr ビアン スゅーる
持つ avoir アヴォワーる
持ってくる apporter アポるテ
もっと encore アンコーる
元の ancien/ne アンスィあん/エンヌ
求める demander ドゥマンデ
戻る revenir るヴニーる
物語 histoire ◘ イストワーる
桃色／桃色の rose ◘ ろーズ／rose ろーズ

もやし germes de soja ◘（複）
　　　ジェるム ドゥ ソジャ
もらう recevoir るスヴォワーる
森 forêt ◘ フォれ
漏(も)れる fuir フゅイーる
門 porte ◘ ポるト
問題 problème ◘ プろブレム
文部省 Ministère de l'Éducation
　　　nationale ◘
　　　ミニステーる ドゥ レデゅカ
　　　スィヨン ナスィヨナル

や

やあ！ salut! サりゅ
夜間 nuit ◘ ニゅイ
やかん bouilloire ◘ ブイヨワーる
山羊 bouc ◘ ブーク
　　／chèvre ◘ シェーヴる
焼き魚 poisson grillé ◘
　　　ポワッソン グりエ
野球 base-ball ◘ ベズボル
焼く brûler ブりゅレ
約 environ アンヴィろン
薬剤師 pharmacien/ne
　　　ファるマスィあン/エンヌ
役所 Administration ◘
　　　アドミニストらスィヨン
役職 poste de responsabilité ◘
　　　ポスト ドゥ レスポンサビリテ
訳す traduire トらデゅイーる
約束／約束する promesse ◘ プろメス
　　　／promettre プろメットる
役に立つ utile ゅティル
役人 fonctionnaire ◘ ◘
　　　フォンクスィヨネーる
火傷／火傷する

259

	brûlure ◘ ブりゅりゅーる／ se brûler ス ブりゅレ	郵便局	poste ◘ ポスト
		郵便切手	timbre ◘ タンブる
野菜	légumes ◘ （複） レギュム	夕べ	soirée ◘ ソワれ
易しい	facile ファスィル	有名な	célèbre セレーブる
優しい	gentil/le ジャンティ/ーユ	ユーモア	humour ◘ ゆムーる
養う	élever エルヴェ	ユーロ	euro ◘ うーろ
安い	bon marché ボン マるシェ	床	plancher ◘ プランシェ
休み	pause ◘ ポーズ	愉快（ゆかい）な	joyeux/se ジョワイうー/ズ
休む	s'absenter サプサンテ ＜会社を休む＞	
		雪／雪が降る	neige ◘ ネージュ／ neiger ネジェ
	s'absenter de son travail サプサンテ ドゥ ソン トらヴァーイ	～行き	pour ～ プーる
		輸出	exportation ◘ エクスポるタスィヨン
やせた	maigre メーグる		
やせる	maigrir メグりーる	ゆっくり	lentement ラントマン
家賃	loyer ◘ ロワイエ	ゆで卵	œuf dur ◘ うフ デューる
薬局	pharmacie ◘ ファるマスィ	輸入	importation ◘ アンポるタスィヨン
やっと	enfin アンファン		
雇い主	patron/e パトロン/ヌ	指	doigt ◘ ドワ
雇う	employer アンプロワイエ	指輪	bague ◘ バーグ
家主	propriétaire ◘ ◘ プろプりエテーる	夢	rêve ◘ れーヴ
		ゆるい	lâche ラーシュ
屋根	toit ◘ トワ	許す	permettre ぺるメットる
山	montagne ◘ モンターニュ		
止める	cesser セッセ	**よ**	
辞める	démissionner デミスィヨネ	夜明け	aube ◘ オーブ
ややこしい	compliqué/e コンプリケ	よい	bon/ne ボン/ヌ
やり直す	refaire るフェーる	酔う	se soûler ス スーレ
やわらかい	mou/molle ムー/モル	用意する	préparer プれパれ
		容易な	facile ファスィル
ゆ		要求する	exiger エグズィジェ
湯	eau chaude ◘ オー ショード	用事	affaire ◘ アフェーる
有益な	utile ゆティル	用心する	faire attention フェーる アタンスィヨン
夕方	soir ◘ ソワーる		
夕食／夕食を食べる		幼稚園	maternelle ◘ マテるネル
	dîner ◘ ディネ／ dîner ディネ	洋服	vêtement ◘ ヴェットマン

ようやく	enfin	アンファン
ヨーロッパ	Europe 🔲	うーろップ
余暇	loisirs 🔲 (複)	ロワズィーる
預金／預金する	dépôt 🔲	デポ
	／ déposer de l'argent (à la banque)	デポゼ ドゥ らるジャン（ア ラ バンク）
よく (しばしば)	souvent	スーヴァン
翌日	le lendemain	ル ランドマン
(〜の) 横に	à côté de 〜	ア コテ ドゥ
汚れる	se salir	ス サリーる
〜によって	à cause de 〜	ア コーズ ドゥ
酔っぱらい	ivrogne 🔲🔲	イヴろーニュ
予定／予定する	projet 🔲	プろジェ
	／ prévoir	プれヴォワーる
呼ぶ	appeler	アプレ
予防／予防する	prévention 🔲	プれヴァンスィヨン
	／ prévenir	プれヴニーる
読む	lire	リーる
嫁 (自分の)	femme 🔲	ファム
(息子の)	belle-fille 🔲	ベル フィーユ
予約／予約する	réservation 🔲	れぜるヴァスィヨン
	／ réserver	れぜるヴェ
よりよい	meilleur/e	メイユーる
夜	nuit 🔲	ニュイ
(〜に) よると	selon 〜	スロン
喜ぶ	se réjouir de 〜	ス れジュイーる ドゥ
よろしい	très bien	トれ ビあん
よろしく (依頼)	je compte sur vous	ジュ コント スューる ヴ
弱い	faible	フェーブル
四	quatre	キャトる

ラーメン	nouilles chinoises 🔲 (複)	ヌーイ シノワーズ
来月	le mois prochain	ル モワ プろシャン
来週	la semaine prochaine	ラ スメンヌ プろシェンヌ
来年	l'année prochaine	ラネ プろシェンヌ
ライター	briquet 🔲	ブりケ
落第／落第する	redoublement 🔲	るドゥブルマン
	／ redoubler	るドゥブレ
楽な	facile	ファスィル
落雷	coup de foudre 🔲	クー ドゥ フードる
ラジオ	radio 🔲	らディヨ
ラジカセ	radiocassette 🔲	らディヨカセット
ラッシュアワー	heures de pointe 🔲 (複)	うーる ドゥ ポワント
ラブレター	lettre d'amour 🔲	レットる ダムーる
ランチ	déjeuner 🔲	デジュネ

利益	bénéfice 🔲	ベネフィス
理解する	comprendre	コンプらンドる
陸軍	armée de terre 🔲	あるメ ドゥ テーる
利口な	intelligent/e	あンテリジャン/ト
離婚する	divorcer	ディヴォるセ
リサイクル	recyclage 🔲	るスィクラージュ

利子	intérêt ◘ あンテれ
リストラ	restructuration ◘ るストりュクテゅらスィヨン
理想	idéal ◘ イデアル
リゾート	station touristique ◘ スタスィヨントゥーりスティック
率	taux ◘ トー
陸橋	passerelle ◘ パッスれル
リットル	litre ◘ リットる
理髪店	salon de coiffure ◘ サロン ドゥ コワッフゅーる
理由	raison ◘ れゾン
留学する	aller étudier à ~ アレ エテゅディエ ア
留学生	étudiant étranger ◘ エテゅディアン エトろンジェ ／ étudiante étrangère ◘ エテゅディアント エトろンジェーる
流行する	être à la mode エートる ア ラ モード
寮	foyer ◘ フォワイエ
両替	change ◘ シャンジュ
＜AをBに両替する＞	changer A contre B シャンジェ A コントる B
料金	tarif ◘ タりフ
領事館	consulat ◘ コンスゅラ
領収証	reçu ◘ るスゅ
両親	parents ◘(複) パらン
料理	cuisine ◘ キゅイズィンヌ ／ plat ◘ プラ
旅館	auberge japonaise ◘ オーべるジュ ジャポネーズ
旅行／旅行する	voyage ◘ ヴォワイヤージュ ／ voyager ヴォワイヤジェ

リラックスする	se relaxer ス るラクセ
履歴	antécédents ◘（複） アンテセダン
履歴書	curriculum vitæ ◘ キゅりキゅロム ヴィテ
理論	théorie ◘ テオり
りんご	pomme ◘ ポム
臨時の	temporaire タンポれーる

る

ルームサービス	service dans la chambre ◘ セるヴィス ダン ラ シャンブる
留守	absence ◘ アプサンス
ルビー	rubis ◘ りゅビ

れ

例	exemple ◘ エグザンプル
零	zéro ◘ ゼロ
礼儀正しい	poli/e ポリ
冷静な	calme カルム
冷蔵庫	réfrigérateur ◘ れフリジェらトゥーる
例文	exemple ◘ エグザンプル
冷房	climatisation ◘ クリマティズーる
レインコート	imperméable ◘ あンぺるメアーブル
歴史	histoire ◘ イストワール
レストラン	restaurant ◘ れストらン
レタス	laitue ◘ レテゅ
列車	train ◘ トらン
レモン	citron ◘ スィトろン
レポート	rapport ◘ らポーる

恋愛	amour ◘ アムーる			ポ ドゥ ヴァン
練習／練習する	exercice ◘	ワイン	vin ◘ ヴァン
	エグゼるスィス	若い	jeune ジュンヌ
	／ s'exercer セグゼるセ	沸かす	faire bouillir
レンタカー	voiture de location ◘		フェーる ブイイーる
	ヴォワテゅーる ドゥ ロカスィヨン	わがまま	égoïste エゴイスト
連絡／連絡する	contact ◘ コンタクト	わかる	comprendre コンプrandる
	／ prendre contact avec~	別れる	quitter キテ
	プrandる コンタクト アヴェック	わける	diviser ディヴィゼ

ろ

		わざわざ	exprès エクスプれ
		わずか	à peine ア ペンヌ
廊下	couloir ◘ クロワーる	わずらわしい	ennuyeux/se
老人	personne âgée ◘		アンニゅイゆー/ーズ
	ぺるソンヌ アジェ	忘れる	oublier ウブリエ
ロータリー	rond-point ◘ ロン ポワン	綿	coton ◘ コトン
労働	travail ◘ トらヴァーイ	話題	sujet ◘ スゅジェ
労働者	ouvrier/ère ウヴりエ/ーる	私	je ジュ
労働組合	syndicat ouvrier ◘	私たち	nous ヌー
	サンディカ ウヴりエ	渡る	traverser トらヴェるセ
六	six スィス	＜川を渡る＞	traverser la rivière
録音／録音する	enregistrement ◘		トらヴェるセ ラ りヴィエーる
	アンるジストるマン	笑い／笑う	rire ◘ りーる／ rire りーる
	／ enregistrer アンるジストれ	割合	proportion ◘
録画／録画する			プろポるスィヨン
	enregistrement des images ◘	割る	diviser ディヴィゼ
	アンるジストるマン デ_ズィマージュ	＜6割る2は？＞	
	／ enregistrer des images		Six divisé par deux,
	アンるジストれ デ_ズィマージュ		ça fait combien?
六月	juin ◘ ジュワン		スィス ディヴィゼ パる ドゥー
ロビー	hall ◘ オル		サ フェ コンビあン
論じる	discuter ディスキゅテ	悪い	mauvais/e モヴェ/ーズ
論文	article ◘ アるティクル	悪口	médisance ◘ メディザンス

わ

		湾	golfe ◘ ゴルフ
		ワンピース	robe ◘ ろーブ
ワイシャツ	chemise ◘ シュミーズ
賄賂（わいろ）	pot-de-vin ◘

263

Language Research Associates 編
- ●井上美穂（上智大学講師）
- ●北村亜矢子（上智大学講師）
- ● Bernard Leurs（日本女子大学教授：仏文校閲）
- ● Béatrice Delègue（東京学芸大学外国人講師：仏文校閲・吹込）
- ● Alex Delègue（俳優：吹込）
- ●岡野浩介（ナレーター／声優：日本語吹込）

スーパー・ビジュアル すぐに使えるフランス語会話

2003 年 7 月 1 日　　　初版発行
2016 年 6 月 10 日　　第 13 刷発行

著者　：Language Research Associates ©
　　　　（ランゲージ リサーチ アソシエイツ）
発行者　：片岡　研
印刷所　：シナノ書籍印刷 (株)
発行所　：(株) ユニコム　UNICOM Inc.
　　　　　TEL(03)5496-7650　FAX(03)5496-9680
　　　　　〒 153-0064 東京都目黒区下目黒 1-2-22-1004
　　　　　ホームページ：http://www.unicom-lra.co.jp

ISBN 978-4-89689-428-8　　■本文、ＣＤを許可なしに転載・複製することを禁じます。